笛卡兒主
理性主
基礎主
形上
二元

當我們提著一籃蘋果，
並懷疑其中有些已經不新鮮，該怎麼辦呢
一般人：逐一檢視，挑出外觀不正常的那
笛卡兒：全部倒出來！

劉燁，王勁玉 編

# 笛卡兒的懷疑

## 你所認知的對與錯是客觀的嗎

對萬物抱持不確定，質疑是為了得到更明確的真

# 序言

笛卡兒（Rene Descartes，西元一五九六至一六五〇年），法國著名的數學家、哲學家、物理學家和生理學家，同時也因為其突出的成就被世人稱為「近代科學的始祖」。

笛卡兒的一生成就輝煌，他對數學、天文學、物理學、化學、生理學尤其是哲學等領域進行了深入的研究，並取得了巨大的研究成果。

在數學領域，笛卡兒創立了解析幾何學，把幾何問題化成代數問題，並提出了幾何問題的統一作圖法。在物理學領域，笛卡兒第一次明確地提出了動量守恆定律：物質和運動的總量永遠保持不變。在天文學領域，他第一次依靠力學而不是神學，解釋了天體、太陽、行星、衛星、彗星等的形成過程。在生理學領域，笛卡兒提出了刺激反應說，為生理學做出了一定的貢獻。

而在本書中，我們將對笛卡兒在哲學研究上所取得的碩果進行簡單的介紹。主要內容包括：

方法論：笛卡兒認為，方法論本身就是一門具體的科學，並提出了笛卡兒「方法論」裡的第一個內容——「普遍懷疑」。在「普遍懷疑」的基礎上，笛卡兒進一步敘述了「直觀與演繹」、「分析與綜合」以及「歸納與枚舉」等具體的方法論原則。

「我思，故我在」是整個笛卡兒哲學體系的基石。正是在「我思，故我在」這個命題的基礎上，笛卡兒從確立精神實體「我」開始，一步一步證實了靈魂和精神的存在，證實了上帝的存在和物質實體（即外部世界）的存在。這些內容正是笛卡兒整個哲學體系的骨架，它們構成了整個笛卡兒理性主義哲學體系。

天賦觀念論：「天賦觀念論」是笛卡兒的重要理論之一，也是笛卡兒哲學乃至唯理論哲學的基礎。笛卡兒的「天賦觀念論」最原始的意義就是「天賦觀念的直接呈現」。笛卡兒為了讓自己的「天賦觀念論」更加完善，後來又提出了「天賦觀念潛在發現說」來進行修正。「天賦觀念直接呈現說」和「天賦觀念潛在發現說」同樣也不能使人信服。於是笛卡兒又提出了「天賦能力潛存說」。

關於上帝和外部事物的存在的證明　「上帝」是笛卡兒第一哲學的中心範疇之一。笛卡兒認為，上帝是宇宙之根，世界之根，人類之根。上帝就是人類認識的基礎，正因為上帝就是「根」，所以人類要想真正認識這個世界，就必須認識上帝。

靈魂與肉體的關係笛卡兒利用二元論把物質的世界和精神的世界直接對立起來，認為物質和精神、靈魂和肉體是兩種絕然不同的實體。但是在無奈之下，笛卡兒又不得不承認，靈魂與肉體也是互相統一、互相作用的一對實體。

笛卡兒在《論世界》一書中，系統地闡述了他的物理學和宇宙學觀點。我們將分別從「感覺與產生感覺之事物」、「火焰中的光和熱」、「空氣」、「元素」、「一個全新的世界」和「人」等幾個小節，簡單分析笛卡兒在《論世界》所闡釋的觀點。

《靈魂的激情》一書是笛卡兒於西元一六四五至一六四六年間完成的。該書是笛卡兒專門研究「人自身」、「人的肉體和靈魂的關係」、「人的激情和人的生理與心理的關係」以及「人的各種激情與倫理道德的關係」的著作。

該書標誌著笛卡兒哲學體系的最終完成，是笛卡兒哲學最精華的部分。我們將從「激情的生理說」、「激情心理學」以及「特殊的激情」等三個方面對「靈魂的激情」作簡單的介紹。

劉燁

# 笛卡兒生平

西元一五九六年三月三十一日，笛卡兒出生於法國安德爾－羅亞爾省圖賴訥拉海的一個貴族家庭。笛卡兒從小體弱多病，母親病故後，笛卡兒在一位保姆的照顧下長大。

雖然體弱多病，但是笛卡兒從小就非常聰明，對周圍的事物充滿了好奇，父親見他頗有哲學家的氣質，親暱地稱他為「小哲學家」。但是，身為布列塔尼地方議會的議員，笛卡兒的父親還是希望自己的兒子將來能夠成為一名神學家。於是笛卡兒在八歲那年，便被父親送入法國最好的學校之一——拉弗萊什的耶穌會學校，接受古典教育。在耶穌會學校，體弱多病的笛卡兒受到了特殊照顧——不必到學校上課，可以在床上讀書。在這期間，笛卡兒養成了喜歡安靜，善於思考的習慣。

西元一六一二年，笛卡兒從拉弗萊什的耶穌會學校畢業，同年去普瓦捷大學攻讀法學，並於西元一六一六年獲得博士學位。取得學位之後，笛卡兒暗下決心：今後不再僅限於在書本裡求知識，而要向「世界這本大書」求教，以「獲得經驗」，而且要靠理性的探索來區別真理和謬誤。

從此，笛卡兒便背離家庭的職業傳統，開始探索人生之路。他棄筆從戎，藉機遊歷歐洲，開闊眼界。廣泛的遊歷以及軍旅生活對笛卡兒的思想和人生造成了重大的影響，笛卡兒的人生從此發生了巨大的轉變。尤其是下面幾件事，對笛卡兒的影響尤甚：

一次，笛卡兒在街上散步，偶然間看到了一張數學題懸賞的啟事。兩天後，笛卡兒竟然把那個問題解答出來了。但是笛卡兒在此次事件中的最大收穫不是因為解出試題而得到的獎金，而是他引起了當時的著名學者皮克曼的注意。皮克曼很欣賞這個年輕聰明的小伙子。於是，在以後的一段時間內，皮克曼向笛卡兒介紹了數學的最新發展，給他講了許多有待研究的問題。在這期間，笛卡兒對自己的數學和科學能力有了較充分的認識。從此，笛卡兒以此為起點，開始認真探尋是否存在一種類似於數學的、具有普遍實用性的方法，以期獲取真正的知識。

西元一六二一年，笛卡兒結束了長期的軍旅生活，回到法國。但是，當時正值法國內亂，於是，笛卡兒去荷蘭、瑞士、義大利等地旅行。西元一六二五年，笛卡兒又結束了遊歷生活，返回巴黎。西元一六二八年，笛卡兒移居荷蘭。

移居荷蘭以後，笛卡兒正式開始了他的研究生活。在荷蘭期間，笛卡兒對哲學、數學、天文學、物理學、化學和生理學等領域進行了深入的研究，並透過數學家梅森神父與歐洲主要學者長期保持密切連結。他的主要著作幾乎都是在荷蘭完成的。

西元一六二八年，笛卡兒寫出了《指導哲理之原則》。西元一六三四年，完成了以哥白尼學說為基礎的《論世界》。西元一六三七年，笛卡兒用法文寫成三篇論文《折光學》、《氣象學》和《幾何學》，並為此寫了一篇序言《科學中正確運用理性和追求真理的方法論》，哲學史上簡稱為《方法論》，該年六月八日，這三篇論文在萊頓匿名出版。西元一六四一年，笛卡兒出版了《形而上學的沉思》。西元一六四四年，出版了《哲學原理》等重要著作。

西元一六四九年冬，笛卡兒應瑞典女王克里斯蒂娜的邀請，來到了斯德哥爾摩，任宮廷哲學家，為瑞典女王授課。由於他身體孱弱，不能適應那裡的氣候，西元一六五〇年初便患肺炎抱病不起。

西元一六五〇年二月十一日，正是隆冬，被譽為世界近代最偉大的哲學家——笛卡兒在斯德哥爾摩的家中病逝。

這一年，笛卡兒剛滿五十四歲。

# 目錄

## 第五章　關於上帝存在的證明



## 第六章　關於外部事物存在的證明



## 第七章　靈魂與肉體

## 附錄

# 第一章　關於學習的思考

這一章內容是我們在具體介紹笛卡兒的哲學思想之前，對笛卡兒的學習思想所作的簡要介紹。我們之所以做這樣的安排，是因為笛卡兒特殊的學習思想是他成功的決定性因素。從某種意義上來說，正是特殊的學習方法成就了笛卡兒的成功。在這一章中，我們主要就笛卡兒關於學習方法的思想、笛卡兒對學校教育和對各學科的批判以及笛卡兒在此基礎上引出的對「人類知識之樹」的觀點進行簡要介紹。

## 論學習方法

笛卡兒是方法論的瘋狂推崇者。我們不管是學習還是研究，甚至是在日常生活中的每一件小事，都需要方法論。從某種意義上講，方法論是判斷人類、人類社會進化發展程度的一個最基本的標準。笛卡兒把普遍懷疑當成是懷疑的起點和方法論的開端。他並不承認人和人之間存在本質上的差別，如果真的存在差別，那也只是因為「我們由不同的路徑引導我們的思想」。當然，方法並不能像良知那樣是我們每個人天生就有的，如果是那樣的話，人和人之間就不會存在意見上的分歧。但是，方法從哪裡來呢？笛卡兒認為他研究哲學的使命就是在探索新的方法、發明新的方法。在這裡，我們要說明的是，笛卡兒認為，方法並不像「良知」那樣是天生的，而是需要我們在後天的生活中研究才能得來的。

笛卡兒是方法論的瘋狂推崇者。這從他的「普遍懷疑論」裡就可以看出來。在普遍懷疑裡，笛卡兒把普遍懷疑當成是懷疑的起點和方法論的開端。實際上也正如笛卡兒論述的那樣，我們不管是學習還是研究，甚至是在日常生活中的每一件小事，都需要方法論。從某種意義上講，方法論是判斷人類、人類社會進步的一個最基本的標準。

在笛卡兒看來，從本質上講，所有人都是平等的。笛卡兒在這裡所說的平等是從人類的本性的角度來說的。例如笛卡兒說：「良知是世界上分配得最公平的東西，因為每個人都擁有足夠的良知，就連那些在別的任何事情上最難滿意的人，也不能希望獲得比現有的更多的良知。」在這裡，笛卡兒所說的良知就是我們通常所理解的智慧、天性。從天性的角度來看，我們都是人類之種群的，我們天生遺傳了人類應該擁有的所有天性。從智慧的角度來看，笛卡兒認為，我們任何人從一生下來就獲得了我們應該有的，足夠幫助我們生活在這個世界上的智慧。更具體一點講，這裡的良知可以理解為——「辨別真偽的天性」。意思是說，我們每一個人，都擁有一樣多的同質智慧和作為人應有的天性，都擁有一樣多的同質的辨別真偽的天性——良知。即使是那些對自己的很多地方不滿意的人，他也擁有像那些對自己任何地方都滿意的人一樣多的「良知」。例如：有的人認為自己五官長得不夠美，有的人天生就是殘疾——但是不管他們的身體有什麼缺憾，他們的天性，他們所擁有的「良知」卻像所有人擁有的一樣。也就是說，人，至少在擁有天性或者辨別真偽的能力上，天生就是平等的。用笛卡兒的話說：「因為理智和良知是唯一使我們人之所以為人並與動物有區別的東西，我相信它是完整地存在於個人身上的。」

但是，我們通常所見到的情況卻並非如此。那麼，這又如何解釋呢？對此，笛卡兒說：「人們的意見之分歧，並非來自一些人比另一些人更理智，而是因為我們由不同的路徑引導我們的思想，或者各人的思想不是針對同一件事物的緣故。」笛卡兒認為，造成人們之間的意見分歧的原因不在於有的人更理智，或者有的人不理智。也就是說，「良知」不是產生意見分歧的原因，因為任何人的良知都是一樣的。之所以具有一樣的良知的人們之間會產生意見上的分歧，是因為人們所運用的方法不一樣。「本來具有良好的精神還是不夠的，要緊的是如何巧妙地運用它。」笛卡兒在這裡所說的「如何巧妙地運用它」，實際上就是講「要選擇什麼樣的方法」。

由上可知，笛卡兒並不承認人和人之間是存在本質上的差別的，如果真的存在差別，那也只是因為「我們由不同的路徑引導我們的思想」。也正因為此，笛卡兒認為，「最偉大的人，常有犯最大毛病的可能，也同樣地有修最大德行的可能。而那些只能步行者，若常循直徑，能比那些奔跑而遠離正路者，快速得多了。」可見方法論的重要性。總而言之，笛卡兒對方法論是非常看重的。

然而，方法並不能像良知那樣是我們每個人天生就有的，如果是那樣的話，人和人之間就不會存在意見上的分歧。但是，方法從哪裡來呢？笛卡兒認為，他研究哲學的使命就是在探索新的方法、發明新的方法。他說：「當我一想到自己在探求真理上所取得成就時，就禁不住極度的快感，而對於未來抱著太大的希望，甚至想，若在人——純粹人的工作中，如果有一件工作確實美好而要緊，我相信它就是我目前所要選擇的工作。」笛卡兒在這裡所說的「目前所要選擇的工作」，實際上就是上面所說的探尋新的方法。接著，笛卡兒說：「我知道在我們切身的事上，我們是多麼易於被騙，甚至在朋友的判斷，當他們對我們有利時，也應該多加提防。」可見，笛卡兒從確立自己目標——「探尋新的方法」之初就把「普遍懷疑」當成了自己的方法論的最基本的原則。當然，這些關於方法的最基本的也是最中心的內容，都將在以後的內容中有詳細的論述。

在這裡，我們要說明的是，笛卡兒認為，方法並不像「良知」那樣是天生的，而是需要我們在後天的生活中研究才能得來的。所以，我們都要勇於追求新的適合我們自己的方法。笛卡兒說：「我的計劃，不是再次傳授一個人必須遵從的方法，以便正確地引導自己的理智，而只是指給人家看，我怎樣設法引導我的理智。」當然，這也是笛卡兒方法論的一個主導方向——並不是要單向性地傳授，而更注重於引導。

## 論學校教育

笛卡兒對傳統的學校教育並不十分認同，或者說至少是對那種傳統的學習方式不贊同。這也許正是笛卡兒後來提出「普遍懷疑」的思想的根源。所以，笛卡兒對學校教育進行了嚴厲的批判。他說：「學校教育中所謂的對我們有利的地方，實際上並不能解決任何實質性的問題。」笛卡兒認為，他雖然也花費相當多的時間與精力來學習這些所謂的「知識」，但是他所學習的「知識」越多，困惑和疑問也就越多。因此，在笛卡兒看來，檢驗我們所面對的一切學科，只有對它們來一次真正的大的檢驗，才能真正認識它們的本質和價值。

在笛卡兒的一本著作中曾經有過這樣的一段論述：

「從孩提的時候，我就開始接受人文教育。那時候，大人們都說，凡是對人生有益的一切事，都要有明白切實的知識。聽了這樣的話，我當時就非常急迫地要學習很多知識。學習的願望填滿了我整個的孩提時代。那時候，我幾乎把一切時間都投入到了學習之中。但是，當我真正把我在那個時代所應該掌握的知識都掌握以後，我發現我非常失落，因為我發現自己已陷入一種莫名其妙的疑團和錯誤的困擾之中：是要幫助我在這個世界上立足？是要認識我所處的這個世界？是要解除我心中原有的那些的困惑和疑團？但是，當我學習了很多東西以後，便發現，學的知識越多，反倒越困惑。我甚至學習了很多人認為沒有必要學習的被認為最奇怪、最稀奇的書籍和知識。但是，也毫無用處。總而言之，我學了那麼多的東西，毫無益處，唯一的結果是讓我在心中生出了許多困惑和疑問。試想一下，我當時是多麼難過！於是，我開始對學習產生懷疑。」

從這裡，我們可以看出，笛卡兒對傳統的學校教育並不十分認同。或者說至少是對那種傳統的學習方式不贊同。正如他自己說的那樣，「這使我毫無顧忌地任憑自己去批評其他一切的人，並且相信，世界上不曾有過一種學說，與我從前所希望的一模一樣。」這也許正是笛卡兒後來提出「普遍懷疑」的思想的根源。

當然，我們也只能說，笛卡兒的言論是對那種傳統教育方式的一種批判，並不能認為這是笛卡兒對傳統教育方式的一種否定。因為他雖然懷疑學校教育的科學性，但是並不否認學校教育在普及基礎教育中所起的作用。例如笛卡兒說，學校教育中所受的語言訓練，對他了解古典書籍以及一些很奇怪生疏的書來講是非常必要的；寓意深遠的寓言故事可以喚醒我們沉睡的精神，讓它充滿活力；歷史書裡可歌可泣的歷史故事可以激發我們的鬥志，有助於我們判斷力的培養，還可以提升我們的智力；閱讀那些優秀的古典書籍猶如和一位學識淵博的古人對話，這些古籍是前人深思熟慮才記載下來的言語，可以讓我們更加明智，如醍醐灌頂；雄辯學在讓我們領略到力量的同時，又能給我們以美的感受；詩歌就更不用說了，它裡面傳達的足夠的柔情和蜜意，足以讓我們每一個人陶醉；數學就更是一個奇怪的學科了，它有很多精巧的發明和讓人眼前一亮的巧妙，至少它可以滿足我們天生的好奇心，另外，它還能輔助一些工藝，減少人力，對我們的生活很有意義，並且能派生許多知識出來；閱讀或者討論名人的含有許多箴言和教訓的著作，對於我們修身養性也很有幫助；神學可以教我們怎樣才能最終走向天國，獲取最大的幸福；哲學可以給我們提供談論和學習一切知識的方法，幫助我們認識世界的本源，即使你是一個沒有太多知識的人，也會為哲學而驚嘆；法律、醫學以及其他實用科學，除了給廣大民眾帶來幸福，或者可以穩定社會秩序外，還可以給研究者帶來巨大的榮耀和財富。

但是，我們雖然可以從這些學科中得到很多東西，但是只要稍微留意一點就會發現，這些所謂的對我們有利的地方，實際上並不能解決任何實質性的問題。笛卡兒說，他雖然也花費相當多的時間與精力來學習這些所謂的「知識」，但是他所學習的「知識」越多，困惑和疑問也就越多。因此，在笛卡兒看來，檢驗我們所面對的一切學科都是有必要的，如果我們要想獲得真正的知識，就必須對我們所面對的學科來一次大的檢驗。即使是對那些充滿迷信和虛偽的科學進行檢驗，也比我們去學習那些所謂的「科學的學科」所得到的益處多得多。因為，只有對它們來一次真正的大的檢驗，才能真正認識它們的本質和價值。

## 各學科的批判

笛卡兒說：「檢驗一切學科，即使檢驗那些充滿迷信和虛偽的學科也是有益的，這樣能真正認識它們的價值，並防範自己誤入歧途。」於是，笛卡兒在對傳統的學校教育進行了嚴厲的批判之後，又對語言、古籍、歷史、寓言、雄辯學、詩歌、數學、神學、哲學等各個學科進行了嚴厲的批判。最後，笛卡兒得出結論，任何把自己建立在不確定的哲學的基礎之上的學科，從根源上講就已經失去了令人信服「科學性」，不足以讓人們為學習它們花費大好青春。

笛卡兒說：「檢驗一切學科，即使檢驗那些充滿迷信和虛偽的學科也是有益的，這樣能真正認識它們的價值，並防範自己誤入歧途。」可見，笛卡兒是要對所有的學科進行一個大檢驗（當然，這裡的檢驗是帶有批判性質的）。接著，笛卡兒開始了對各學科的批判。

## 語言、古籍、歷史和寓言

笛卡兒曾經花費了大量的時間來閱讀關於語言、古籍、歷史和寓言方面的書。笛卡兒說，在閱讀這些書的時候，就好像是在和生活在其他世紀的人對話，又好像是出外旅行。讀這些書可以讓我們懂得很多，例如：讀書可以讓我們了解「世界各地不同民族的風俗習慣」，這樣我們就能依據我們獨到的見解（只是對我們以前所不了解的東西）作出正確的判斷，而不至於讓我們認為，凡是違背我們生活習慣的都是壞的，或者是荒唐的。總而言之，透過讀這些書，透過學習這些課程，我們能讀到我們想知道的人和知識。

但是，書讀得太多了，學習某一門課程過於痴狂，就好像是在外旅行的時間太長了，以至於我們把注意力過多地放在外在的事物之上，而忽視了我們身邊的事情。過於沉湎於書本知識，過於依賴課堂，很可能讓我們脫離我們生活的現實世界。例如：一個過於沉湎於歷史中的人，就很容易忽視每天發生在自己身邊的事情。讀寓言故事也是如此，過於沉湎於寓言故事之中，就會讓我們把許多原本不可能發生的事情當成事實。除此之外，還有更令人難以接受的是，有些人把本來與歷史事實有出入的「歷史」，當作真正的歷史來看待。他們為了更值得一讀，而不惜略去一些最卑陋和最不榮譽的地方，卻對一些原本不重要的地方大肆喧譁。而那些自以為是的以歷史為借鑑來調度自己生活的所謂的「有識之士」，更會陷入如武俠小說中人物的幻境，繼而構想出一些他們自以為是的虛構情結。其實，這樣的歷史，不讀也罷。

## 雄辯學和詩歌

笛卡兒很重視雄辯學和詩歌，但同時他又認為，雄辯學和詩歌兩者最大的特點就是源於天賦的能力。笛卡兒說：「我很重視雄辯學，也很愛好詩歌，但我想這兩門學科與其說是借學習才能有所收穫，不如說是源於天賦的能力。」笛卡兒認為，那些善於雄辯的人，天生就善於推理，並且思想天生就很成熟，他們思想的清晰是為人所知的。他們天生就有一種能說服人並使人信服他們的能力，儘管他們用的是最低級的語言，他們或許並不會用很多渲染性的詞語，甚至他們都不知道修辭學是什麼，但是他們依舊是最好的雄辯家，因為他們天生擁有雄辯的才華。

而有些根本不懂詩學的人，也從來沒有接受過所謂的「正統的詩學教育」的人，卻往往具有詩的敏感度，並且知道如何運用最甜蜜的詞藻去表達自己的感情。他們也不失為優秀的詩人。

## 數學

笛卡兒對數學相當重視，他認為數學的推理正確而明顯，最接近真理。但令他感到無比遺憾的是，本來應該是非常有用處的數學，卻並沒有被人們用到它更能發揮作用的地方。例如：笛卡兒說：「想到它只是用在機械技術上，我不禁奇怪，它的基礎如此穩固堅實，竟沒有人想到在其上建造起更高的建築。」而那些本來沒有什麼實際意義的「學問」卻被人們妄加推崇。例如：「古代異教徒討論習尚的書，我欲將它比擬為建立在沙上、泥沼上的高昂雄偉的宮殿。」笛卡兒認為，那些異教徒把其中的「德行」舉得很高，並把它當作是宇宙中最高貴之物。但是這些異教徒卻不能對這些東西解釋得足夠清楚。他們在他們稱之為「聖書」內容裡表述的往往是一些無情、傲慢、失望或者弒父滅親之類的罪行而已。

## 神學

笛卡兒是一個信教的人，他尊敬神學。他甚至承認，自己也像任何渴望進入天堂的人一樣，想要獲得進入天堂的道路。但是，他又不得不承認，進入天堂的道路對每一個人敞開的機會都是均等的。也就是說，一個無知的人和一個博學多才的人同樣都有進入天堂的機會。但是，真正能「進到那裡的人的真理超過我們的智慧」。如果我們每一個人都了解這個事實，那麼，我們就最好不要把「這些真理置於我們薄弱的理智之下妄加推論」。一個真正的神學的研究人士，要想真正取得成果，肯定需要上帝的偏愛，並且他本身必須是一個超人。否則，一切都將沒有任何意義。

## 哲學

笛卡兒認為，哲學更應該是引起人們深思的學科。當然，我們並不能否認歷來研究哲學的人是最多的。即使是一個研究歷史、數學、文學或者其他任何學科的人，也逃脫不開哲學的羈絆。但是即使這樣，笛卡兒發現仍然沒有一個「事理」是絕對不為人們所爭執，甚至不為大家產生絲毫疑惑的。總而言之，即使那麼多的優秀哲人為研究哲學付出如此多的努力，但從結果看好像並不盡如人意。笛卡兒說：「當我看到那麼多人在為同一個問題爭執不休，並且都是一些所謂的『博學之士』，真是汗顏！」笛卡兒認為，他所能做的就是把一切似是而非之事都當作偽的或者幾乎偽的事情來看待。

從哲學的不確定性，我們實際上就可以看出其他學科的情況。因為其他的具體學科都要從哲學這裡提取原則。所以，既然哲學本身還存在不穩定性，那麼它就不能成為其他學科的基礎。其他學科把自己建立在一個本身就沒有穩固的根基的學科之上，不能不讓人為它們的穩固性擔憂。因此，笛卡兒得出結論，這些把自己建立在哲學基礎之上的學科實際上也失去了令人信服的「科學性」，不足以讓人們為學習它們花費大好青春。至於邪說，例如煉金術士的許諾、星象家的預言等，笛卡兒認為都不足以讓人們相信，當然前提是我們要對它們的實際價值做一個合理的、科學的評估。

## 人類知識之樹

笛卡兒認為，要掌握科學，不是單純學習那些已經建立起來的科學體系，而是要建立更加合理的科學體系。笛卡兒在這裡所講的科學體系就是他所說的——人類知識之樹。「人類知識之樹」主要由形而上學、物理學以及其他各門具體的科學構成。針對這顆巨大無比的「樹」，笛卡兒認為，這棵樹的果實（各門具體的對人類發展有益的科學）像我們實際生活中所見過的任何一棵樹一樣，它的果實結在樹枝上；而它的樹根（形而上學）和樹幹（物理學）只是支撐它存在的根基。實際上，笛卡兒是在告訴我們，哲學研究的真正用處（人類知識之樹的果實），體現在各門具體科學對人類生活的指導意義。

笛卡兒認為，哲學的目的就是要讓人類最終成為自然的主人和擁有者。

同時，人類也只有擁有了自然，成為了自然的主人，才能真正認識到本質的自然，才能掌握自然規律，才能依照自然規律生活，才能在實踐中取得更大的效率，才能在這些過程中獲得真正的幸福。那麼，人類怎樣才能實現這個目的呢？答案是：科學。

笛卡兒認為，只有掌握真正意義上的科學，人類才能夠真正幸福。笛卡兒的哲學追求從某種意義上說，就是要掌握真正的科學。那麼，要掌握科學首先應該從什麼地方入手呢？笛卡兒選擇了一種與常人相反的策略。他認為，要掌握科學不是單純地學習那些已經建立起來的科學體系，而是要建立更加合理的科學體系。

建立更加合理的科學體系，這是笛卡兒哲學研究的起點和動力。笛卡兒在這裡所講的科學體系，曾經在他的著作和演講中多次提到過。實際上，這個科學體系就是他所說的——人類知識之樹。

那麼，具體來講，這個「人類知識之樹」應該是怎樣的呢？笛卡兒是怎樣描述這個「人類知識之樹」的呢？

笛卡兒說：「哲學的第一部分應該是形而上學，它包括知識的最基本的原理。之所以說這部分的知識包括的是最基本的原理，是指這部分知識應該包括解釋上帝存在的原理，解釋靈魂的非物質性的原理，解釋在我們之中的全部清楚的、簡單的、觀念的原理。

「哲學的第二部分應該是物理學，物理學是指在我們真正發現世界的最基本的原則之後的解釋宇宙萬物的基本原理。一般指考察宇宙組成的原理，考察地球本性的原理，考察與地球連結在一起的自然界萬物（例如空氣、水、礦石以及一切自然物）的運行規則的原理。在物理學裡，我們之所以還有必要分別研究自然界各個具體事物的本性，是因為這樣做可以幫助我們更容易地建立起研究各個具體事物的專門性的科學體系。」

「這樣看來，哲學就不應該僅僅是研究一種事物的科學，它更是一個整體。形象地說，作為一個整體的哲學研究，它就像是一棵枝繁葉茂的大樹。這個參天大樹的根便是我們上面講過的形而上學，相應地，它的主幹是物理學。由這棵樹的主幹發展而來的各個枝杈則是從作為主幹的物理學歸結出來的其他各門具體的科學。這些具體的科學又可以歸結為三門主要的科學——

即醫學、機械學和倫理學。倫理學是指最高級、最完善的道德科學，他以其他各門具體科學的基本知識為存在的前提，是智慧的最高等級。」

最後，笛卡兒總結說：「『人類知識之樹』只是一個龐大的科學體系。要進行哲學研究，就必須建立這樣一個科學體系；要進行科學研究，就必須以這個科學體系為基礎；要進行哲學研究，就必須歸結到這顆龐大科學體系上來。但是，還要注意的是，搞好哲學研究不能沒有好的方法。哲學研究要從考察研究哲學的方法開始，只有掌握了合適的研究哲學的方法，才能真正地深入哲學研究之中，得到更確實的真理。否則，哲學研究就無法進行。」

在這裡，笛卡兒所講的科學的方法，實際上就是邏輯學。在笛卡兒看來，科學的邏輯學是科學的方法論，是研究哲學的起點，只有邏輯學才能指導我們以更理性的態度，去發現那些我們不知道的真理。針對邏輯學或者方法論的研究結果，笛卡兒在他的著作《談談方法》中有很好的論述。

很明顯，笛卡兒所講的「人類知識之樹」主要由形而上學、物理學以及其他各門具體的科學構成。針對這棵巨大無比的「樹」，笛卡兒認為，這棵樹的果實（各門具體的對人類發展有益的科學）像我們實際生活中所見過的任何一棵樹一樣，它的果實結在樹枝上；而它的樹根（形而上學）和樹幹（物理學）只是支撐它存在的根基。實際上，笛卡兒是在告訴我們，哲學研究的真正用處（人類知識之樹的果實），體現在各門具體科學對人類生活的指導意義。例如：作為「人類知識之樹」的分支之一的醫學是為了保護人類的身體健康而建立的；物理學的目的是為了把人類從繁重的體力勞動中解放出來；倫理學能幫助人類獲得精神上的幸福和安寧。總而言之，一切科學都是為了人類的幸福，哲學是保證人類幸福的最低防線。

# 第二章　方法論

「方法論」在笛卡兒的哲學研究中有著至關重要的作用。可以說，笛卡兒的哲學研究就是從他的「方法論」開始的。笛卡兒認為，「方法論」本身就應該是一門具體的科學，這就是笛卡兒所講的「唯一的方法」。在此基礎上，笛卡兒提出了「方法論」裡的第一個內容──「普遍懷疑」。「普遍懷疑」是笛卡兒方法論最基礎性的內容。笛卡兒在這裡所講的「懷疑的方法」就是「普遍懷疑」，是對一切的懷疑，對一切「存在懷疑」，但並不是對一切的絕對否定。笛卡兒「懷疑」的目的是要得到確實的知識，尋找無可置疑的真理，確立哲學的基本原理作為推演科學體系的基石。也就是說，笛卡兒「懷疑論」對傳統的知識體系是具有極強的建設意義的。笛卡兒是要在傳統的知識體系中分辨出正確的知識、確實的科學真理，徹底消除人們頭腦中那些對自然、對科學的偏見。在「普遍懷疑」的基礎上，笛卡兒進一步敘述了「直觀與演繹」、「分析與綜合」以及「列舉和歸納」等具體的「方法論」原則。

## 唯一的方法

笛卡兒認為，人們在進行「具體科學研究」之前，必須先建立一門科學——關於方法論的科學。笛卡兒說：「方法論這樣一門科學應當包含人類理性的基礎知識，它的範圍應當擴展到在每一個學科中引出正確的結論，它是比人類力量已經賦予給我們的其他任何工具更有力的知識工具，它是其他一切知識工具的源泉。」這也就是笛卡兒所講的「唯一的方法」。

關於科學，笛卡兒說：「科學，從整體上講是可靠的、確切的認識。」但是，人類怎麼得到這個「認識」？怎麼「使我們自己（這裡當然是指我們人類）成為自然（即科學）的主人和所有者」呢？笛卡兒認為這是方法論所要解決的問題。笛卡兒指出，要探求科學，探求可靠的、確切的科學知識，就必須先要掌握一套合理的、科學的認識自然、認識科學的方法。而方法論是一切具體科學的基礎，是一切具體科學乃至哲學實現自己的工具，是人類獲得各種知識和掌握科學技術的手段。沒有方法，或者說沒有合理的科學方法，就沒有充分發展的科學認識。只有科學的方法論才能夠改善人們認識自然、掌握科學的條件，才能提高人們認識自然、掌握科學的能力。

可見，笛卡兒對「科學的方法論」的研究是相當重視的。笛卡兒甚至認為，人們在進行「具體科學研究」之前，必須先建立一門科學——關於方法論的科學。笛卡兒說：「方法論這樣一門科學應當包含人類理性的基礎知識，它的範圍應當擴展到在每一個學科中引出正確的結論，它是比人類力量已經賦予給我們的其他任何工具更有力的知識工具，它是其他一切知識工具的源泉。」

在這裡，我們要注意一點，笛卡兒所說的「方法論」和我們通常所理解的方法論是有一定的區別的。笛卡兒在這裡是把方法論當作一門科學來研究的，並不像我們通常所理解的那樣只是單純的列舉一系列方法的。為什麼這麼說呢？正如笛卡兒所說：「被總結到一起的各門科學和人類的智慧是同一的，它永遠都是『一』，並且是同一的東西，然而當應用到不同的門類中時，就會從它們中產生出差別，和太陽光照射到各種不同的物體上所產生的差別一樣多。」

笛卡兒認為，從本質上講，知識只是一種純粹的、準確無誤的知識，不管什麼知識，單從它的準確無誤的本質來講都是一樣的，只有一種；而科學，或者說作為整體的科學，也只有一門由一些相互連結的分支組成的科學。既然「全部科學是如此地相互連結著，以至於把它們總體研究要比把它們各自孤立起來研究要容易得多」，那麼，科學實際上就是一門一般的科學。因此，與所研究的對象「科學」一樣，研究科學也就只有一種方法。這種方法從本質上講就是一種一般的方法，應該是對於科學的任何分支都是適用的。

事實上，笛卡兒是把科學從具體的科學中抽象出來研究，而把研究科學的方法當作一門具體的科學來研究。這也就是我們在這裡所講的「唯一的方法」，之所以我們把它稱為「唯一的方法」，正在於它的普遍性、它的一般性和它的唯一性。也就是說，我們在這裡所講的「唯一的方法」，並不是針對某一種具體的科學的方法，而是普遍的方法，是對任何科學研究都適用的方法，是在任何情況下都有其存在意義的方法。

笛卡兒規定了具體的「方法論」原則。他在《指導心靈的規則》一書中，列舉了二十一條規則，但在《方法導論》的書目中，他只列了四條，我們可以歸納如下：

「第一條，絕不把任何我沒有明確認清其為真的東西當作真的加以接受，也就是說小心避免倉促的判斷和偏見，只把那些十分清楚明白的事物呈現在我的心智之前，把我根本無法懷疑的東西放進我的判斷之中。即『直觀』。」

這個規則告訴我們，行事要萬分謹慎，以避免疏忽而阻止我們做出正確的判斷。另外，謹慎行事的另一個目的是要避開我們已有的成見，因為我們已有的成見很可能變成我們認知過程中的攔路虎。只有謹慎行事從而避開疏忽和成見，我們才能進行真正的判斷。也只有在這種情況下，我們的判斷才能真正做到不超出事物在眼前所呈現的明顯與清晰的範圍，不含任何可疑的因素。

笛卡兒在這裡所講的，明顯是與我們知道的另一種行動「臆測」正好相反的。明顯或者清晰就是指呈現在我們眼前的確實的事實，或者是指我們眼前確實的事實在我們心中產生的相應的確切的結果。而「臆測」是什麼呢？「臆測」是側重於主觀的東西，是我們根據我們已有的成見幻想出來的不現實的概念或者結果，離我們非常遙遠。笛卡兒所講的「明顯」，就是從數學的「直觀」裡抽取出來的概念。在笛卡兒看來，「明顯」（即直觀）絕對不是感觀所提供的任何不穩定的證據。

再進一步來講，「直觀」的觀念是直接的、簡單的、明顯而清晰的。「直觀」能使我們沒有絲毫懷疑地直接知道我們正在認識對象（即觀念）的所有內容。因此，「直觀」是理智用以攫取自我觀點的方式，是一種純理智的行為。直觀的兩大最基本的特點就是明顯和清晰。

「明顯」指的是某特定的觀念在關注它的心眼的範圍內直接地把自己的一切呈現出來。「清晰」是明顯的補充，指的是某特定的觀念不僅能在關注自己的心眼的範圍內把自己呈現出來，而且還能把自己與其他的觀念區分開來，向關注自己的心眼證明自己「所含的因素與其他觀念所含的因素迥然各異。」從「明顯」和「清晰」的互相關係角度來看，「清晰」是肯定了「明顯」，但是先有明顯，並不一定就有清晰。所以，直觀就是明顯與清晰地結合體。

「第二條，把我所考察的每一個難題，都盡可能地分成細小的部分，直到可以而且適於加以圓滿地解決的程度為止。即『分析』。」

在這裡，笛卡兒認為，並不是所有的難題都能直接地呈現在關注它的心眼的範圍之內。難題的最根本的原因就在於它的複雜。一個不夠複雜的「難題」是不存在的。那麼，怎樣去解決那些不能把它自己直接呈現在我們眼前的難題呢？笛卡兒認為，最好的方法莫過於把那些所謂的難題分解。「如果我們能把一個個難題分解成為千千萬萬個微小的單純的部分，使其單純化，然後再著手解決那一個個微小的部分，則難題也就不成為難題了。」笛卡兒所講的這個分解的過程就是「分析」。笛卡兒認為，正因為單純的部分是明晰的、直觀的、一下就能看透的，所以，分析的方法才是站得住腳的。

於是，這一條規則就是要告訴我們，我們在面對難題的時候，一方面先要確定難題之所在及其範圍；另一方面也是最重要的方面，就是要學會把難題分析為簡單而絕對的部分，以便逐一加以觀察，從而透過觀察難題的全部解決難題。這也正是分析的任務。

「第三條，按照次序引導我的思想，以便從最簡單、最容易認識的對象開始，一點一點逐步上升到對複雜的對象的認識。即使是那些彼此之間並沒有自然的先後次序的對象，我也給它們設定一個次序。即『綜合』。」

這條規則告訴我們，我們要盡量把全部事物看作是一個從絕對到相對、從簡單到複雜、相互依賴、相互連結、層層隸屬的有順序的系列。相應地，對事物的認知活動應該從最簡單的事物開始，然後一層層深入，一步步推進，看其他的真理是否能從最簡單的真理中推演出來，並且別的真理又從這結論中推演出來。如此循環往復，依次進行。當然，這條規則要依據這樣一條信念：假定一切事物都是依據一定的程式向前發展的。但是，我們在這裡所說的「程式」畢竟還只是假定的，如果我們在實際的認識活動中不能找到我們所說的自然的程式，那麼，我們最好能給它構思一種邏輯的程式。如果是這樣的話，分析和綜合才是最完美的，分析和綜合的兼用才是綜合的最完美的境界。因為綜合的原則是：先確定定義和公理，然後藉助幾何式的證明程式，由單純的定義和公理到達複雜的知識。

其實，分析和綜合原先是我們認識事物的兩種基本的程式。分析是倒溯的程式，旨在說明複雜觀念是由許多其他單純觀念所組成；而綜合是前進的程式，旨在證明單純觀念能與其他單純觀念組合而成為另一種觀念。另外，分析和綜合是彼此緊密地連結在一起的：一方面，分析的最後元素是綜合的最先元素，當一個觀念不能再分析時，就是分析的終極；另一方面，當一個觀念不能再容納其他觀念的組合時，就是綜合到了飽和點。

分析和綜合這兩種觀念是從數學中提取出來的，但是，在數學中應用的分析和綜合與在哲學中應用的分析和綜合具有很大的差異：數學中的分析和綜合是分開應用的；哲學的分析和綜合是聯合運用而成為一種程式。例如：如果一物不是綜合的，則它不能有分析；如果一物不能分析，則它沒有綜合的存在。最後，我們還必須弄清楚一點，一般我們在分析的時候，要假定「單純的才是明顯的，複雜的則是有疑問的」。因此，分析就是由不明顯推演到明顯，也就是由不知到達知，或者說是把那些不為所知的最後元素當作已知，把已知的最先綜合當作不知。相應地，我們在綜合的時候，也同樣要先假定「單純的才是明顯的，複雜的則是有疑問的」，但相反的是，綜合是由明顯變為不明顯，或者說是把那已知的最初元素當作不知，把那些不知的最後綜合當作知。

「第四條，把一切情形盡量完全地列舉出來，盡量普遍地加以審視，使我確信毫無遺漏。即『列舉和歸納』。」

事實上，「列舉和歸納」這條規則的設立是為了輔助分析與綜合的應用。因為分析和綜合的方法雖然是相當合理的，但是在某些情況下還不能發揮理想中的效果。從另一個角度看，「列舉和歸納」這條規則的意義在於檢驗綜合的步驟和清點校核分析的部分。經過這些步驟，「列舉和歸納」能使其在演繹時嚴格地遵守演繹的連貫性以及相關規則，避免越級的情形發生，並且能絕對保證真理的明晰和必然。所以說，這個方法從某種意義上講是一種事後保證。因為無一遺漏地列出那些和問題有關的全部事實，就可以保證推理的正確性。正如笛卡兒在其著作中所說：「如果希望我們的科學完善……列舉也是很需要的。」

實際上，從確實性來說，列舉並不如直觀，但是，「列舉」能夠使我們對吸引我們注意力的東西作出正確的判斷，這條規則最重要的意義就在於此。笛卡兒說：「我們透過列舉獲得的結論可能比透過其他任何類型的論證（簡單的直觀除外）所能獲得的結論更確實，實際上，我們的心靈應該滿足於這種確實性。」

透過對上述四條規則的論述，我們不難明白笛卡兒首先確定的是普遍懷疑的出發點，把普遍懷疑這個出發點當成他理所當然的理性的權威或者衡量真理的標準。然後，在普遍懷疑的基礎上，笛卡兒進一步要求要對一切知識採取懷疑的態度，只接受那些被心智（理性）明確地認知為真的東西，而且確定了真理的標準，那就是清楚明白、無可置疑。這就是第一條規則所講的內容。第一條規則裡面的「清楚」意思是對象界限分明，與其他的對象判然有別，不混雜；「明白」就是對象明顯地、位置適當地呈現在心靈面前，不暗昧，不模糊。在第二條規則裡，笛卡兒概括了分析的方法，主張將那些複雜的對象或命題逐步分解為不可再分的簡單對象或命題，弄清楚其內部的性質和結構。在第三條規則裡，笛卡兒概括了綜合的方法，主張按照合乎理性的秩序重新組合被分解開的要素，使我們的認識從最簡單、最容易理解的對象開始，逐步上升到最複雜的對象的知識。在第四條規則裡，笛卡兒概括了完全列舉或歸納方法：歸納是對直觀的補充，當我們對某個事物的知識不能運用直觀的時候，就只能用歸納了。笛卡兒認為，一方面，列舉出與問題有關的全部事實和詳細目錄，非常全面、精確，無一遺漏，同時列舉還應該準確和有順序；另一方面，透過有順序的完全列舉得出的結論，儘管沒有直觀那麼可靠，但仍不乏確定性，得出的結論是可靠的。

## 懷疑的方法

「懷疑的方法」是笛卡兒「方法論」裡的第一個內容，也是笛卡兒方法論最基礎性的內容。笛卡兒在這裡所講的「懷疑的方法」就是「普遍懷疑」，是對一切的懷疑，對一切「存在懷疑」。但這種「懷疑」，並不像傳統的懷疑論者那樣是對傳統的知識體系的徹底否定。笛卡兒「懷疑」的目的是要得到確實的知識，尋找無可置疑的真理，發現確實的真理，確立哲學的基本原理作為推演科學體系的基石。

縱觀笛卡兒方法論的四條基本規則，我們可以得知，「懷疑的方法」是笛卡兒「方法論」裡的第一個內容，也是笛卡兒方法論最基礎性的內容。笛卡兒認為，我們傳統的教育方式就是學習已有的知識體系，把一切課本上或者先輩們口頭傳下來傳統的知識，不分對錯，全都當作正確的知識學習。而這樣的學習方法是很不可靠的，是值得懷疑的。這樣做的直接後果就是讓學習者學習得越多就越覺得自己無知，這也就使得現有的哲學原則和觀念都處於一種不確定的狀態。笛卡兒認為，在對傳統的已有的知識體系真假難分的情況下，唯一妥當的辦法就是對一切知識和觀念都採取懷疑的態度，應該透過懷疑的方法「認真地、自由地來對於我的全部已有的見解進行一次總的清算」，透過普遍懷疑來尋找無可置疑的真理，確立哲學的基本原理作為推演科學體系的基石。正如笛卡兒所說：「如果我想要在科學上建立起某種堅定可靠、經久不變的東西的話，我就必須在我有生之日認真地把我歷來信以為真的一切見解通通清除出去，再從根本上重新開始。」

很顯然，笛卡兒在這裡所講的「懷疑的方法」就是「普遍懷疑」，是對一切的懷疑，對一切「存在懷疑」。但這種「懷疑」，並不像傳統的懷疑論者那樣是對傳統的知識體系的徹底否定。笛卡兒以前的傳統的懷疑論者，往往是以「懷疑」武器給予已經漏洞百出的經院哲學以毀滅性的打擊。對傳統的知識體系來講，這樣的表面的「懷疑」是具毀滅性的，最終的結果往往是走向虛無主義。但是，笛卡兒的「懷疑」並不如此，笛卡兒的「懷疑」的前提是要得到確實的知識，尋找無可置疑的真理，發現確實的真理，確立哲學的基本原理作為推演科學體系的基石。也就是說，笛卡兒的「懷疑論」對傳統的知識體系是具有極強的建設意義的。笛卡兒是要在傳統的知識體系中分辨出正確的知識、確實的科學真理，徹底消除我們頭腦中那些對自然、對科學的偏見。

在具體論述的時候，笛卡兒舉了這樣一個例子：「一個人提了一籃子蘋果，但是這個人懷疑這些蘋果中有不新鮮或者是已經腐爛掉的蘋果。那麼，這個人應該怎麼辦呢？他通常會首先把籃子倒空，然後把蘋果一個一個地檢查一遍，把那些他看到沒有爛的蘋果挑出來，重新裝回籃子裡，再把其他的扔掉。這就同這樣一些人的情況完全一樣，這些人以前沒有很好地研究過哲學，在他們頭腦中保留著的是從早年就開始積累的各種各樣的看法。當他們很有道理地確信這些看法的大多數不符合真理的時候，他們便試圖把一些看法同另外一些看法區別開來，因為他們害怕把這兩類看法混淆在一起而使得全部看法不可靠。為了不犯錯誤最好還是把它們全部拋開，不管他們當中哪些是真理，哪些是謬誤，然後再對他們逐一加以研究，只保留其中那些被認為是真理和毋庸置疑的東西。」

顯然，笛卡兒所謂的「懷疑」並不是盲目的懷疑，並不是單純的懷疑，而是帶著一定目的的懷疑。笛卡兒的懷疑就是要發現真理。具體而言，「懷疑」就是笛卡兒發展真理的手段和方法，是通向真理殿堂的第一個階梯。

在確定了「懷疑」是發現真理的方法之後，下一步就是確定具體的懷疑對象。是的，有些人可能會認為，笛卡兒的懷疑不正是「普遍懷疑」嗎？「普遍懷疑」不就是懷疑一切嗎？那不就是說所有的人類已經知道的和不知道的都是懷疑的對象嗎？當然，這種認識並沒有錯。但是，難道我們不認為把「一切」——這個聽上去內容雖然充實但實際操作起來卻相當空洞的詞語——當作笛卡兒懷疑的對象，有點籠統嗎？如果這樣，笛卡兒的懷疑就是抽象的哲學概念了，就會失去笛卡兒懷疑的本身意義了。

確定懷疑對象也就是確定哪些東西應該懷疑，哪些東西值得懷疑。具體來講，笛卡兒認為以下四種東西是最應該懷疑和最值得懷疑的：

## 「感官知覺的東西」

笛卡兒認為，感官知覺的東西是值得懷疑的。這裡很多人可能會有疑問，正如笛卡兒所說：「這裡難道還有人懷疑感性事物（在這裡我的意思是，這些事物是能看得見、摸得著的東西），比其他事物更確定嗎？」其實並不盡然，笛卡兒認為，感性的東西，即使是我們最耳熟能詳的東西也是值得懷疑的。「我十分清楚地意識到了，當感覺（感官）受到不利影響時，它有時會欺騙我們，就像一個病人認為所有的食物都很苦澀一樣；就像我們看天上的星星一樣，我們難以知道它的大小。這些感性認識也是如此，它們離事物的本來面目也相差很遠；也就是說，這些感性認識很難與事物的本質相一致。但所有這些錯誤卻容易理解，這並不能阻止我明白你的意思，也不能阻止我現在正看見了你；我們一起在花園漫步，陽光照在我們身上，一句話，所有我的感覺通常都是真的。」可見，感官事物通常是最容易欺騙我們的。因此，笛卡兒說：「對我來說，如你能向我清楚地說明那些據說是上帝和我們心靈創造的事物，那我將感到十分驚訝。」

## 「夢」

除了感官知覺的事物，笛卡兒認為，「夢」也是最容易騙人的，也最應該懷疑，最值得懷疑。例如：我們都有這樣的經歷，我們經常發現，我們在清醒時的思想和感覺與我們在睡眠時的思想和感覺是一樣的。這也就是告訴我們，我們在清醒時所有的思想和感覺也可以同樣地發生在我們的睡夢中。而我們都認為，睡夢中的感覺和思想都是沒有事實依據，都是絕對不可靠的。這樣一來，在我們清醒時進入我們意識的感覺和思想，如果它恰恰也正好是曾經在我們睡夢中進入過我們意識的感覺或者思想，那麼它們的存在就都是靠不住的。這樣，人就分不清自己到底是在做夢還是處於清醒狀態。再者，一般來講，我們都認為「夢」中的情形都是來自於現實的（例如我們在夢中見到的蘋果和我們現實中見到的蘋果是一樣的），這樣看來，夢是真實的。但是，夢畢竟不是現實中發生的事情，這樣看來，夢又是虛假的，靠不住的。

但是因為夢的組成元素都是來自於現實的，所以夢又不是絕對虛假的。所以說，夢和清醒的狀態是沒有一個確定的評價標準的。因此，從夢作為「夢」的角度來講，夢是騙人的。

「具體科學（例如物理科學、數學科學、天文科學以及醫學等）的確實性」

笛卡兒認為，一切具體科學，例如物理科學、數學科學、天文科學以及醫學等具體科學的確實性是值得懷疑的。先不說考察組合物的物理科學、天文科學以及醫學等具體科學，即使通常被認為是最基本的數學科學，也是存在很大的不確定性的。像數學科學裡的算術和幾何科學，它們通常考察的只是簡單的純粹的數字式的所謂「理論」，而在基本上不會去考察它所考察的對象本身的真實性。

例如：幾何學家所考察的對象往往是「一個連續不斷的質體或空間，其長、寬、高、深的程度延長到無邊無際，而其本身卻可以被分成不同的部分；這些不同的部分能有各種不同的形狀和體量，亦可能隨便被移動或更換位置（幾何學家認為這一切都是他們所研究思索的對象）。」笛卡兒審查了一些他們認為最簡明的現象，但考察的結果是令人失望的，笛卡兒發現，一般人所公認的這些幾何學上已經被人們長期所接受的表證的準確可靠性，純粹是建立在人們認為是非常明白，研究得非常透徹的所謂的「法則」之上的。而這些法則正是「我所曾經設置以為運思之用的」。實際上，已經被人們長期接受的幾何學所研究的對象，具體來講是很難讓人們在現實中捕捉到與之相應的對象的。

笛卡兒舉例說：「如果這裡有一個三角形，我們很清楚地知道它的三個角加起來必然等於兩個直角，但是這個公式並不為我們保證客觀世界上真存在著一個三角形。相反地，當我回到對於那至善至美至完全者之觀念而加以省察，我發現這個實體的存在是包含在關於他的觀念之中，正如三個角與兩個直角相等之包含在三角形的觀念之中，或如一個圓體的表面與該圓體中心間隔有相等距離之包含在圓體的觀念之中，是一樣明顯，或許前者更明顯些。因此至善至美的上帝之存在，是至少與幾何學上的任何現象一樣地確切可靠。當然，很可能有人會做出這樣的辯護：也許我們真的是被欺騙了，但是上帝本身是至善的，讓我們受騙的只是因為這些表象與它們的本質不相符合造成的。但是，不管怎麼說，我們是活在欺騙之中的。」

## 「全能的精靈」

這一階段的懷疑是更深層次的懷疑。如果說前幾個懷疑的對象是單純的直觀懷疑，那麼這裡的懷疑則是對「一切存在的根本」的懷疑，或者可以說是更具有普遍性的懷疑。在進入這一階段的懷疑之初，笛卡兒先假定存在一個至高無上的全能的精靈或者惡魔。這個全能的精靈或者惡魔製造了一切，竭盡全力在欺騙我們。笛卡兒認為，如果這個假定的全能的精靈或者惡魔真的存在的話，那麼，我們中間的任何一個都可能因被欺騙而陷入二加三等於五的思考之中。當然，全能的精靈或者惡魔如果真的存在的話，那麼直接的後果就是讓我們從以前在合理的懷疑下獲得的信念蕩然無存。具體來講，在這個懷疑階段的論證方式可以是這樣的：很可能存在一個欺騙我們的全能的精靈或者惡魔；如果這個全能的精靈或者惡魔真的存在，那麼，我們已有的觀念就可能都是錯誤的，甚至是荒唐的；所以，我們現在已有的觀念都有可能是錯誤的。

在這一階段，笛卡兒的懷疑有一個前提，那就是假定有一個善於欺騙的全能的精靈或者惡魔。注意，笛卡兒只是假定有善於欺騙的全能的精靈或者惡魔，並沒有肯定地說真的存在。而另一方面，我們也根本沒有辦法能證明這個假定的全能的精靈或者惡魔不存在。也即，如果不存在，便罷；那如果要是存在呢？如果真的存在，那我們就都被這個善於騙人的全能的精靈或惡魔欺騙了，那麼我們已有的觀念就很有可能是錯誤的。

表面看來，笛卡兒所講的「普遍懷疑」就是對一切的懷疑，要不然怎麼能叫「普遍的懷疑」呢？但是，如果按照這種邏輯推理下去，問題就出來了。如果說作為懷疑的主體的「我」，也在懷疑自我本身的存在，那麼就說明「我」也很可能是不真實的。如果「我」是真的不存在的，那麼「我」懷疑什麼呢？「我」又如何懷疑呢？一方面，「我」在懷疑一切，另一方面，「我」卻不存在，這豈不是笑話？正如笛卡兒所說：「正當我把一切都認為是假的時候，我立刻發覺到那思想這一切的我必須是實際存在，我注意到：『我思，故我在』

這個真理是如此堅固，如此確真，連一切最荒唐的懷疑它的假設都不能動搖它。我於是斷定，我能毫無疑惑地接受這個真理，視它為我所尋求的哲學的第一原則。」也就是說，懷疑一切的前提是懷疑主體自我的肯定，或者說，「普遍懷疑」是建立在「懷疑主體」自我存在的基礎上的。實際上，笛卡兒在確立「普遍懷疑」這個方法論的時候，對「普遍懷疑」的確定並不是絕對的，而是認為「我在懷疑」這一點是無可懷疑的，是絕對的。

笛卡兒認為，「普遍懷疑」才是真正的理性和絕對的理智。只有有了「普遍懷疑」的思想和方法論，才能真正實現人類的理性。具有「普遍懷疑」的心靈才是沒有任何偏見的理性的心靈。只有「普遍懷疑」才能幫助人們更好地認識世界，培養合理的世界觀、價值觀。

總之，「普遍懷疑」是笛卡兒哲學的第一原則，是笛卡兒理性主義的奠基石。正是運用這種「方法論上的懷疑」，笛卡兒開始了重建形而上學的理論探討和研究。

## 直觀和演繹

笛卡兒認為，認識必須從清楚明白、無可置疑的東西開始，「判斷不要越過事物在眼前所呈現的明顯與清晰的範圍，不含任何可疑的因素」。這就是「直觀」或者叫做「理性演繹法」。笛卡兒認為，「直觀和演繹」是我們得到任何關於事物的確切知識的唯一方法。

笛卡兒說：「關於打算考察的對象，應該要求的不是某些人的看法，也不是我們自己的推測，而是我們能夠從中清晰而明顯地直觀出什麼，或者說，從中確定無疑地演繹出什麼。因為，要獲得真知，是沒有其他辦法的。」

笛卡兒告訴我們，絕不把任何我們沒有明確地認識其為真的東西當作真的加以接受，我們在任何時候都要小心翼翼，盡量避免倉促的判斷和偏見，只把那些十分清晰地呈現在我們的心智之前，使我們根本無法懷疑的東西放進我們的判斷之中。這即是說，認識必須從清楚明白、無可置疑的東西開始，「判斷不要越過事物在眼前所呈現的明顯與清晰的範圍，不含任何可疑的因素」。這就是直觀或者叫做「理性演繹法」。在笛卡兒看來，「直觀和演繹」（或者叫做「理性演繹法」）是我們得到任何關於事物的確切知識的唯一方法。笛卡兒說：「如果我們的方法正確地揭示了應該怎樣運用精神的洞察力，以至於不陷入矛盾的錯誤，並且揭示了應該怎樣發現演繹，從而使我們能夠獲得全部事務的指示，那這個方法就是正確而完全的，因為除了透過精神的直觀和演繹外，沒有任何真正的科學。」也就是說，獲得任何關於事物的確切知識的「理性演繹法」重要在於：一要正確地解釋怎樣運用直觀，二要正確地解釋怎樣發現演繹。

當然，笛卡兒在這裡強調，「直觀」並不是我們通常所理解的感官事物的往返不定的證據，更不是完全靠我們的豐富的想像力在腦海裡構建出來的虛構的判斷，而是「用傳統的說法，直觀就是明顯，是心靈到達明顯的活動」，是「純淨的、專注的心靈所具有的無可懷疑的概念」，只和純粹的理性相關的能在同一時間給我們一種概念的而不存在任何懷疑的東西。

笛卡兒認為，直觀應該具有兩大特點：首先，直觀的命題應該是最清楚、最明白的，否則便不是直觀；其次，直觀的命題必須是同時地、整個地被理解。也就是說，直觀需要我們把我們的注意力放在一眼就能看清楚的事物上。事實上，想一眼就把事物的全部看清楚的人到最後是什麼都看不清楚的。笛卡兒透過這點告訴我們，如果我們想在思維的某一個單一的活動時刻同時專注地關注很多其他的東西，那我們的思維必然會混亂。因而我們應該先照顧最清楚最明白的直觀方面，把注意力集中於某些一眼就能看清楚的事物或者專注於某物的某一點上，以獲得知識。對此，笛卡兒建議說：「應該把心靈的目光全部轉向十分細小而且極為容易的事物，長久加以審視，使我們最終習慣於清清楚楚、一目瞭然地直觀事物。」

「演繹」是「直觀」的補充。笛卡兒認為，演繹是直觀之外的認識的補充方法。演繹起源於其他那些我們確實地認識到的事實的全部必然推論。因此，與「直觀」不一樣，「直觀」只是關注那些最簡單的、最單純的、最直白的特殊事物，「演繹」並不需要像「直觀」那樣用直接呈現來證明。也就是說，演繹的確定性在某種意義上是需要記憶來賦予它生命力的。沒有「直接呈現」的特性來當作手段，演繹要想得到一定的結論，就必須透過一系列間接的論證過程。很顯然，笛卡兒在這裡所講的直觀是一種直接的認識方式，而演繹則是一種透過推理的間接的認識方式。兩者的區別已經十分明了，那麼兩者的連結在哪裡呢？實際上，從邏輯角度來看，「直觀和演繹」是緊密地連結在一起的，從認識論的發展角度來看，「直觀」所認識的知識是最基本、最簡單、最直白的元素，這些元素知識是演繹的基礎；而演繹正是在直觀認識的基礎之上的演繹，是從直觀認識的基礎出發，從而演繹出確實的、可靠的知識的。

## 分析和綜合

笛卡兒認為，「分析和綜合」是「直觀和演繹」的進一步發展，是「直觀和演繹」的具體體現。「分析」的任務就是要從複雜中找到最簡單的命題。分析的過程是從具體到抽象，從個別到一般的邏輯推演過程。相對於分析是從複雜到簡單的下降過程，「綜合」則是一個從簡單到複雜的上升過程。「分析和綜合」這兩種認識的程式彼此有密切的關係。分析的最後元素是綜合的最先元素，當一個觀念不能再分析時，就是分析的終極。同樣地，當一個觀念不能再容納其他觀念的組合時，就是綜合到了飽和點。

笛卡兒認為，「分析和綜合」是「直觀和演繹」的進一步發展，是「直觀和演繹」的具體體現。一方面，從內涵上講，「分析和綜合」講的就是直觀，因為分析和綜合的本質意義也是要得到確實的、清楚的知識，達到認識的目的。另一方面，從外延上講，「分析和綜合」講的又是演繹，為什麼這樣講呢?這和演繹的本質很有關係。演繹本身就是從一物演繹出另一物，從原因演繹出結果或者從結果演繹出原因，從整體演繹出部分或者從部分演繹出整體，而這些演繹過程就正好是分析或者綜合的過程。

那麼，具體來講，到底什麼是分析?什麼又是綜合呢?實際上，分析和綜合是從數學裡提取出來的兩個概念。笛卡兒說：「我們要將那些複雜的隱晦的命題逐步地變成那些簡單的命題。然後，從所有絕對簡單的命題的直觀理解出發，以精確相似的步驟力求上升到其他事物的知識。」這兩句話實際上道出了分析和綜合的本質。這句話裡所講的「將那些複雜的隱晦的命題逐步地變成那些簡單的命題」實際上就是分析;而「從所有絕對簡單的命題的直觀理解出發，以精確相似的步驟力求上升到其他事物的知識」實際上就是綜合。很顯然，分析和綜合正好是兩個相反的過程，分析是一個下降的過程，綜合是一個上升的過程。

我們先來看看笛卡兒是怎樣論述「分析」的。笛卡兒認為，「分析」就是我們將要考察的對象盡可能地分為許多個細小的部分，然後再尋找針對各個細節的解決方法，以各個擊破的方針解決每一個細小的部分，那麼本來顯得相對較大較難的難題也就解決了。即「分析」的任務就是要從複雜中找到最簡單的命題。分析的過程是從具體到抽象，從個別到一般的邏輯推演過程。分析的終極目標就是要在複雜的難題中分析出那些最簡單的、能直接呈現出來的命題。

相對於分析是從複雜到簡單的下降過程，「綜合」則是一個從簡單到複雜的上升過程。正如笛卡兒所說的那樣，「從所有絕對簡單的命題的直觀理解出發，以精確相似的步驟力求上升到其他事物的知識」就是綜合。笛卡兒說：「綜合是從最簡單、最容易認識的對象開始，一步一步地上升到最複雜的知識。把全部事物看作是一個從絕對到相對、從簡單到複雜、相互依賴、相互連結、層層隸屬的有順序的系列，認識以最簡單的事物為起點，然後，一步一步地前進，探詢其他的真理是否能從這個真理中推演出來，並且另外一些真理又從這些結論推演出來等，這樣依次進行下去。」

具體來講，綜合的過程正好和分析相反。綜合的任務，就是要把那些最簡單、最單純、最直接的事物還原為具體的事物。如果說分析的過程是從具體到抽象，從個別到一般的邏輯推演過程，綜合則是從一般到個別，從具體到抽象的邏輯推演過程。

最後，「分析和綜合」這兩種認識的程式彼此有密切的關係。分析的最後元素是綜合的最先元素，當一個觀念不能再分析時，就是分析的終極。同樣地，當一個觀念不能再容納其他觀念的組合時，就是綜合到了飽和點。

## 列舉和歸納

笛卡兒認為，「直觀和演繹」以及「分析和綜合」固然能解決很多問題，但從本質上講並不能從起始的自明之理中直接演繹出絕對的真理，相反要想實現這個目的，就要「歸入確定無疑之列，就必須遵守在這裡提出的準則」。笛卡兒在這裡所講的「這裡提出的準則」就是指列舉和歸納。也就是說，要完成真知的認識過程，就必須運用毫無間斷的連續思維運動，這樣才能一個一個地審視認識對象，「把它們包括在有秩序的充足列舉之中」，然後得出確實的無可懷疑的真知。笛卡兒認為，「完全列舉」和「歸納」是方法論的最好補充，有了「完全列舉」和「歸納」的方法論才是完整的方法論。

笛卡兒認為，「直觀和演繹」以及「分析和綜合」固然能解決很多問題，但並不是在任何情況下都能發揮其效用。有時候，「完全列舉」和「歸納」將作為「直觀和演繹」以及「分析和綜合」在很多領域有非常重要作用的補充。笛卡兒認為，「完全列舉」和「歸納」是方法論的最好補充，有了「完全列舉」和「歸納」的方法論才是完整的方法論。正如笛卡兒所說：「如果希望我們的科學完善……列舉也是很需要的。」因為，「我們透過列舉獲得的結論可能比透過其他任何類型的論證（簡單的直觀除外）所能獲得的結論更確實。」

那麼什麼是「完全列舉」和「歸納」？「列舉和歸納」的邏輯起源具體又是什麼？「列舉和歸納」究竟在什麼時候，在什麼情況下才真正具有方法論意義呢？現在就讓我們沿著笛卡兒的思路一一揭開這些謎題。

笛卡兒認為，前面提到的方法從本質上講，並不能從起始的自明之理中直接演繹出絕對的真理，相反想要實現這個目的，就要「歸入確定無疑之列，就必須遵守在這裡提出的準則」。笛卡兒在這裡所講的「這裡提出的準則」就是指列舉和歸納。也就是說，在笛卡兒看來，要完成真知的認識過程，就必須運用毫無間斷的連續的思維運動，這樣才能一個一個地審視認識對象，「把它們包括在有秩序的充足列舉之中」，然後得出確實的無可懷疑的真知。

為什麼這樣講呢？笛卡兒認為，「推論的連續和發展如果歷時長久，有時就會出現這樣的情況：當我們達到這些真理的時候，已經不易記起經歷過的全部路程了。因此，我們說，必須用某種思維運動來彌補我們記憶的殘缺。例如：如果最初我透過若干演算已經得知：甲量和乙量之間有何種比例關係，然後乙和丙之間，再後丙和丁，最後丁和戊，即使如此，我還是不知道甲和戊之間的比例關係如何，要是我記不得一切項，我就不能從已知各項中得知這個比例關係的究竟。」

那麼，這時候應該怎麼辦呢？笛卡兒認為，這時候就需要我們運用連續的思維運動，先從整體上把握，然後對個體對象逐一審視，一直到學會如何迅速地由此及彼，並及於全部，以至於達到對「任何部分都不必委之於記憶，而是似乎可以一眼望去就看見整個事物的全貌」。由此可見，列舉是對直觀的最好的補充，最終仍舊會回歸到直觀層面上來。這實際上就是笛卡兒所講的「列舉」的真正意義所在。笛卡兒認為，作為發現真知的方法，「列舉」雖然具有相當重要的現實意義。但是在具體操作的時候，「列舉」並不是一件很容易的事情。

因為「列舉」本身就是一個過程接一個過程的重複，容易引發主體的枯燥情緒，稍不留神就會喪失掉其中的某個環節，尤其是對那些不夠細心的人更是如此。這樣喪失掉某個環節的「列舉」就很可能為此付出代價，推導出錯誤的結論。笛卡兒說：「只要忽略了這一項，哪怕是微小的一項，串聯就會在那裡斷裂，結論就會完全喪失其確切性。另外，藉助列舉可以在運用心智的任何問題上始終不會出錯，始終能做出真實而毫無懷疑的判斷。」也就是說，「列舉」是對所考察問題的一切相關的部分進行仔細的調查，從而得出明確的結論。更為重要的是，在「列舉」這個原則指導下，只要我們足夠認真，不至於忽略任何東西。透過「列舉」而獲得的東西，在笛卡兒看來，「認識它，非人類心靈所能及」。所以笛卡兒認為，要完成真知，「列舉」是必需的。

此外，笛卡兒還強調，「我們所說的充足列舉或歸納，僅僅是指比不屬於單純直觀範圍之內的任何其他種類的證明更能確定無疑地達到真理的那一種；每當我們不能當把某一認識歸結為單純直觀，例如在放棄了三段論式的一切連結的時候，那麼，可以完全信賴的就只剩下這一條道路了」。

笛卡兒之所以這樣說，是因為當我們要從一命題直接演繹到另一命題的時候，如果推論是明顯的，那麼在這一點上就是直觀的。但是如果我們要從某些彼此並不相關的內容推論出某一個命題的時候，我們並不能只用一次直觀就可以看穿那些作為前提的彼此互不相連結的命題。

在這時，只有「列舉」能幫助我們解決問題。這也就是說，雖然我們並不能一眼就看穿一個串聯上的所有環節，但如果我們能看清楚每一個環節與下一個環節的關係，那麼不就是證明我們看清楚了後一個環節與前一個環節的連結了嗎？那不就是證明我們看清楚了結論與前提命題之間的連結了嗎？當然，這個過程也是可能存在失誤的，正如我們上面所講到的——「稍不留神就會喪失掉其中的某個環節。」笛卡兒說：「雖然我們可以用一次列舉通觀許許多多十分明顯的事物，但只要我們略去，哪怕只是略去最微小的部分，串聯就會斷裂，結論的確定性也就完全喪失。有時候，我們也能用一次列舉包括一切事物，但我們不可能，分辨清每一事物，所以對全部事物的認識也就只是模模糊糊的。」

笛卡兒還認為，「列舉」還不是絕對的，有時候需要「完全列舉」，有時候只需要「分別列舉」。例如：當我們想用「列舉」來證明「世界上有多少事物是存在形體的」時，我們一看便知，單就這個命題來講，我們並不能肯定到底有多少符合此意。但是，如果我們來證明「圓面積大於一切其他同等周長的多邊形面積」這個命題的時候，我們就沒有必要把所有的多邊形都一一拿來列舉，而是只需要拿出其中的一些證明，據以用歸納法得出結論而用於其他一切多邊形就行了。

最後，笛卡兒強調，「列舉」還要有秩序地進行。在笛卡兒看來，「秩序」對於「列舉」來講非常重要，因為「有秩序地進行」是彌補「列舉」的缺陷的最好的方法。例如：我們在具體的認識過程中，「研究的事物數量過大或者要研究的同一事物出現過於頻繁」通常會給我們的研究帶來一定的困難。因為在這樣的情況下，我們沒有足夠的精力和時間通觀有關的每一個事物。在這個時候，我們就需要選擇一個合適的機會，「按照最佳秩序加以安排，使其中大部分歸入一定的類別，那就只需準確察看其中單獨的一個事物，或者（根據）其中每一事物而獲知的某些情況，或者只察看這些事物而不察看那些事物，或者至少不對任一事物徒然浪費地重複察看」。只有這樣，我們才能從實質意義上完成列舉工作，把最大的困難排除掉。但是在這種情況下，選擇什麼樣的秩序就顯得至關重要。有時候，要列舉的事物的秩序常常可能發生變化，而且取決於每個人的選擇。

總而言之，詳細列出和問題有關的事實，然後對每一個列出的問題進行審查，確保不忽視其中任何一個環節，直到對所研究的問題有一個直觀的了解為止。當然，從確實性來講，列舉可能並不如直觀，但是列舉能「使我們對吸引我們注意力的東西作出正確的、確實的判斷」。

# 第三章　我思，故我在

作為笛卡兒哲學思想中最具代表性的命題，「我思，故我在」可以說是整個笛卡兒哲學體系的基石。有人甚至說，「我思，故我在」——這是笛卡兒自己為自己的哲學找到的第一個也是唯一的一個落腳點。總之，「我思，故我在」在笛卡兒整個哲學體系中有著非比尋常的意義，是笛卡兒進行理性思考的第一原則，是整個笛卡兒哲學的最確切的第一真理。

# 第一真理

「普遍懷疑」是笛卡兒將一切放在理性前面進行審查的前提，是辨別無可懷疑的東西的殺手鐧。實際上笛卡兒也做到了，笛卡兒在進行「普遍懷疑」後發現的第一個最確切的、再也無可懷疑的命題就是——「我思，故我在」。「我思，故我在」在笛卡兒整個哲學體系中有著非比尋常的意義，是整個笛卡兒哲學的第一原則、第一真理。那麼，作為笛卡兒哲學體系的原則，「我思，故我在」到底在哪些地方表現了它作為「第一真理」的威力呢？首先，笛卡兒從「我思，故我在」中引申出了「唯理論」的真理標準。其次，笛卡兒從「我思，故我在」出發，證明了精神和身體、靈魂和肉體的區別和統一。再次，笛卡兒以「我思，故我在」證明了上帝的存在。最後，笛卡兒以「我思，故我在」又進一步證明了外部世界的存在。另外，笛卡兒之所以認為「我思，故我在」是第一真理，是因為它是最真實的、最確定的真理。

作為理性主義的代表，笛卡兒首先要在它的哲學中確定的就是精神性主體的存在。那麼，笛卡兒又是如何在它的哲學中來確定它的精神性主體的地位的呢？具體來講，笛卡兒的主體性的思想是透過他對「精神實體」（即靈魂或者心靈）的論述和他的著名命題——「我思，故我在」來表現的。作為笛卡兒哲學思想中最具代表性的命題，「我思，故我在」可以說是整個笛卡兒哲學體系的基石。有人甚至說，「我思，故我在」就是笛卡兒自己為自己的哲學找到的第一個也是唯一的一個落腳點。總而言之，「我思，故我在」在笛卡兒整個哲學體系中有著非比尋常的意義，是整個笛卡兒哲學的第一原則、第一真理。

前面，我們已經談過笛卡兒的「普遍懷疑」的思想。實際上笛卡兒就是要在那樣的懷疑中尋找自我，並最終確定理性和肯定自我。所以有人認為，「普遍懷疑」是笛卡兒將一切放在理性前面進行審查的前提，是辨別無可懷疑的東西的殺手鐧。實際上笛卡兒也做到了，笛卡兒在進行「普遍懷疑」後發現的第一個最確切的、再也無可懷疑的命題就是——「我思，故我在」。

「我思，故我在」——這個哲學命題在笛卡兒看來，就好比他的「阿基米德式的點」。阿基米德說，給我一個支點，我將能推動地球。相應地，笛卡兒就好像在說，只要給我一個堅實的支點，我將能重建整個科學知識的大廈。笛卡兒想要找到這樣的一個支點，事實上，他也找到了，能幫助笛卡兒重建科學知識的大廈的這個支點就是「我思，故我在」這個命題。笛卡兒說：「我可以懷疑我的身體是否存在，我可以懷疑我所在的世界是否存在，我可以懷疑我所在的底線是否存在——甚至，我可以懷疑上帝是否真的存在，但是我唯獨不能懷疑的就是我自己的存在，否則我的懷疑將沒有任何意義。」

這實際上就是笛卡兒提出「我思，故我在」這個命題的原始意義。正如笛卡兒在它的著作中論述的那樣，「假定沒有上帝、沒有天、沒有形體，這都是很容易的，但是我不能同樣地設想，懷疑這些事物的我也不存在，因為設想思想的東西在它正在思想時而自己卻不存在和他正在設想這一行為是矛盾的。因此，『我思，故我在』這一個結論是一個有順序地進行思考的人得到的第一種和最為確實的指示。」

此外，笛卡兒認為，能作為第一原則、第一真理的東西，應該是最先被認識的東西，應該是最確實的東西，同時又應該是整個認識過程的起點。第一原則或者第一真理的最根本的特點就是：

一、第一真理應該是最為確實無可懷疑的東西；

二、在作為第一真理或者第一原則的東西的基礎上，我們可以推論出很多其他事物的知識；

三、任何其他事物都應該是把第一原則和第一真理當作自己的靠山的，反過來講，作為第一原則和第一真理的東西是沒有任何依賴的，它絕對自己成就自己。

那麼，作為笛卡兒哲學體系的原則，「我思，故我在」到底在哪些地方表現了它作為「第一真理」的威力呢？換句話說，笛卡兒到底是怎樣在「我思，故我在」這一第一原則的基礎上建造它的科學知識大廈的呢？

首先，笛卡兒從「我思，故我在」中引申出了「唯理論」的真理標準。上面我們已經知道，「我思，故我在」在笛卡兒看來是最為確實的真理，也就是說，凡是對「我」來講清楚分明的東西，都是真的。這樣，真理的標準就是看對於主體我來講是不是夠清楚，是不是夠明晰。這實際上就是笛卡兒的唯理論。

其次，笛卡兒從「我思，故我在」出發，證明了精神和身體、靈魂和肉體的區別和統一。前面我們已經知道，作為理性主義的代表，笛卡兒在他的哲學體系中的最重要的一件事就是要確定精神性主體的地位，也就是要確立「人」的主體地位。在這裡，笛卡兒實際上就是要把人的精神和現實的物質世界對立起來。作為精神主體的「人」可以透過靈魂、透過理性去認識世界，掌握世界，甚至做世界的主人，主宰世界。而作為與人的精神對立的物質世界則是人的認識對象，征服對象，甚至是改造對象。在此基礎上，笛卡兒有意無意地引出了另一個重要的哲學問題——「二元論」。「二元論」就是指物質和精神、肉體和靈魂時刻分離存在的，因為它們是絕對對立的。認定物質和精神、肉體和靈魂是絕對對立的「二元論」不僅僅把世界一分為二，而且也把人看成是肉體和靈魂兩部分的結合物——人也是可以一分為二的。

再次，笛卡兒以「我思，故我在」證明了上帝的存在。我們之所說，「笛卡兒的懷疑是積極的懷疑，不是那些終究會歸於空虛主義的消極的懷疑」，就在於笛卡兒的懷疑是帶有重建性質的懷疑，而不是純粹的懷疑。純粹的懷疑、虛假的懷疑、消極的懷疑都只限於懷疑，除了懷疑什麼都不幹。而笛卡兒是要在懷疑的基礎上重建一切。

例如：笛卡兒也懷疑上帝的存在，但是笛卡兒不僅僅單純地懷疑上帝的存在，而是要在懷疑的基礎上證明上帝的存在。懷疑只是手段，而證明上帝的存在才是笛卡兒「懷疑上帝是否存在」的目標。笛卡兒從「上帝觀念和具有上帝觀念的我的存在」出發，證明了上帝的存在。笛卡兒說：「之所以我應該懷疑，之所以我要懷疑，之所以我在懷疑，是因為我還不夠完善。」但是笛卡兒自己知道，在這個世界上肯定存在一個完善的東西。而這個完善的東西肯定不能從懷疑的主體——「我」的身上得來，因為「我」是不完善的。那麼，這個完善的東西是什麼？又在哪裡呢？笛卡兒認為，這個完善的東西就是上帝。笛卡兒認為，完善的上帝是絕對完善的，全智全能的。只有這個完善的上帝才能給我們永恆的真理和絕對的理性。

最後，笛卡兒又進一步證明了外部世界的存在。笛卡兒認為，全能全智的上帝能給我們確實的知識和絕對的理性。上帝能根據我們心中任何已有的確實的、明晰的概念創造出任何與我們心中的概念相應的具體的事物——外部世界。所以，外部世界也是存在的，是和我們心中的概念相應地存在著的，是全能全智的上帝創造的。

綜上所述，笛卡兒在「我思，故我在」這個命題的基礎上，從確立精神實體「我」開始，一步一步證實了靈魂和精神的存在，證實了上帝的存在和物質實體（即外部世界）的存在。而這些內容正是笛卡兒整個哲學體系的骨架，它們造就了整個笛卡兒理性主義哲學體系。所以說，「我思，故我在」是笛卡兒整個哲學體系的第一原則或第一真理。

我們已經知道，「我思，故我在」之所以被認為是笛卡兒的第一真理，是因為，首先，「我思，故我在」是最為確實並且無可懷疑的真理；其次，從「我思，故我在」出發，我們可以推論出很多其他事物的知識；再次，第一真理是沒有任何依賴的，絕對是自己成就自己。從「我思，故我在」出發，我們可以推論出很多其他事物的知識，那麼，作為最確實、最無可懷疑的真理，「我思，故我在」又表現在哪些方面呢？實際上，笛卡兒之所以認為「我思，故我在」是真實的、確定的，是基於三方面的理由。

首先，笛卡兒認為，「我思，故我在」是真實的、確定的真理，因為當我們在思考的時候，我們會有意識或自覺，藉助這種意識或自覺我們能理會到自己是在思考。在這裡，笛卡兒所說的是一種思維的直接體驗或者直接認知過程。並且，這個直接體驗或者直接認知的過程的認知對象是「思考行為之存在」。這裡的「直接」一詞很重要，直接就意味著不需要經過任何概念或推理的過程。因為概念只是一個表象，我們對自己的思想行為的自覺根本不需要透過表象這個仲介，我們能直接回到我們的思考行為。也就是說，我們可以這樣理解，我們在思考的時候，對於我們自己的思考行為，我們根本不需要去理會，而純粹從自然的角度，我們就能體會得到。另外，笛卡兒認為，思考這個行為是某個思考的人自己的內在的行為，而不是任何其他人的行為。例如：

我思考，所以我知道我存在。

「凡思考者必存在」。

張三在思考，所以張三存在。

例子中，「我思考，所以我知道我存在」，從主體的角度來看，這個行為是內在的自覺行為，不需要推理。但是，當我們由「我思考，所以我知道我存在」過渡到「凡思考者必存在」的時候，就要藉助一定的反省。只有經過反省，我們才能完成由「我思考，所以我知道我存在」的自覺行為過渡到「凡思考者必存在」的推理行為，並最終完成「張三在思考，所以張三存在」這個反省行為。

另外，這個例子中的「凡思考者必存在」是一個普遍的命題，它是經過反省之後才得到的命題。也就是說，按照我們認識、思考的本性，只有我們先解除個別事物的本性才能進一步得到普遍事物的本性。只有先經過個別事物的反省才能最終形成普遍概念的判斷。笛卡兒認為，這個過程是一個單向的過程，其順序無法顛倒。

總之，我們在面對內在行為時所產生的意識就是「直接意識」，或者叫做「直觀」。「直接意識」或者「直觀」是最理智的直觀或者意識。在「直接意識」或者「直觀」之後，我們才能形成「普遍觀念」或者「普遍判斷」。「我思，故我在」是一種最原始的直接意識或者直觀，是一種最原始的自覺行為，能幫助我們形成更多的普遍概念和普遍判斷。

其次，笛卡兒認為「我思，故我在」是最清晰、最分明的，所以也是最確實、最真實的真理。

笛卡兒說：「一般而言，一個命題之成為真實而確定的，它所需要的是什麼？在『我思，故我在』這個命題中，我確知我所說的是真實的，只是我非常清楚地看出來：一個人必須存在才能思考，除此之外什麼理由也沒有了。因此我就斷定我能夠接受這個命題，把它當作一般的規則，這就是：凡是我們很清晰、很分明地認識的事物，常常是真的。」在這裡，笛卡兒實際上是重申了「我思，故我在」的「清晰」和「分明」，即「直觀」。笛卡兒其實是在說，除了「清楚」和「明晰」，還有什麼能讓你感覺到它是最真實、最確實的真理呢？

笛卡兒指出：「我確知我是一思考之物，然而我豈不是也因此知道如能確知一件事需要什麼東西嗎？的確，在此第一個結論中，使我確知它的真實性的只有對於我所肯定的事件之清晰和分明的知覺。……所以在我看來，我能夠建立一條一般性的原則：即凡是我們很清楚、很分明地認識的事物，就是完全真實的。」在這裡，笛卡兒更進一步把「清晰與分明」當成是真理的判斷標準，只有「清晰與分明」才能真正分辨真理的是與非。相應地，如果「我思，故我在」真的像前面我們已經講過的那樣是「哲學的第一原理」，那麼它的真實性和確定性就不能再依賴其他更高的原理了。所以，具有最清晰、最分明的特徵的「我思，故我在」就應該是最確實、最真實的真理。

最後，笛卡兒實際上是先承認「我思，故我在」這個命題的簡單性和直接性，然後才判斷它是最真實、最確實的真理的。在「我思，故我在」這個命題中，「我思考」是一項內在的前提，毋庸置疑，這是最確實的、最真實的。「我存在」是一個最簡單的判斷。事實上，笛卡兒並沒有確定「我存在」中的「我」到底是指什麼。確切一點說，「我存在」即等於「某物存在」，具體可以指代任何物。而「某物存在」乃是一個最簡單的判斷，因為它只涉及某物存在的事實，而不涉及任何性質，所以稱為「存在判斷」。所以從這個角度看，「我思，故我在」應該是最真實、最確實的真理。

## 我，思，故，我在

對「我思，故我在」這個著名的哲學命題，笛卡兒最先探討它是在《方法導論》中。笛卡兒堅信，這個真理最確定，絕對無法動搖，因為這個命題最簡單，完全符合他所講的方法。那麼，「我思，故我在」這個真理應該如何理解呢?本小節內容將對「我思，故我在」進行詳細的解釋：「我思，故我在」中的「我」的所有屬性也是「我」的唯一屬性就是——「思想」；「思」是一個範疇相當廣泛的概念，既是「思想」又是「思維」，也就是我們的所有的意識活動；「故」是從「我思想」向「我存在」演繹的一個過渡階段；「我在」並不是指「我的肉體」的存在，而是指一個精神實體的存在。

對「我思，故我在」這個著名的哲學命題，笛卡兒最先探討它是在《方法導論》中。笛卡兒在這本著作中說：「正當我把一切都認為是假的時候，我立刻發覺到那思想這一切的我必須是一實際存在，我注意到，『我思，故我在』這個真理是如此堅固，如此確真，連一切最荒唐的懷疑、假設都不能動搖它。」後來，笛卡兒又在《第一哲學沉思集》和《哲學原理》中重複了這個意思。笛卡兒堅信，這個真理最確定，絕對無法動搖，因為這個命題最簡單，完全符合他所講的方法。接下來，我們將要對這個命題進行一個具體的詮釋：

## 「我」

「我思，故我在」中的「我」指的是什麼？我們可以做許多想像，但是這裡的「我」和我們通常理解的人稱代詞（具體指代人的「我」）的「我」是不一樣的。有人分析說，這裡的「我」，一方面是指隱含在動詞的變位形式之中的「我」，另一方面又指有著特殊規定的「我」。這聽起來好像很深奧，但是卻很有道理。我們不妨先從笛卡兒對這個「我」的分析來理解。笛卡兒說：「我首先曾把我看成是有臉、手、手臂，以及骨頭和肉組合的這樣一架完整的機器，就像從一具屍體上看到的那樣，這架機器，我曾稱之為身體。除此之外，我還曾認為我吃飯、走路、感覺、思維，並且我把我所有這些行動都歸到靈魂上去。」很明顯，笛卡兒首先是把「我思，故我在」中的「我」理解為一個有血有肉能夠進行任何我們認為理所當然的生理活動的肉身。

但是，笛卡兒馬上就意識到自己錯了，因為他的「普遍懷疑」是懷疑一切的。也就是說，在沒有找到確實的真理以前，他甚至認為上帝是不存在的，或者上帝本身就是一個徹頭徹尾的騙子或者惡魔。那麼，如果連上帝都不存在的話，上帝所創造的天地萬物又何以存在？那麼，上面提到的那個「有臉、手、手臂，以及骨頭和肉組合的這樣一架完整的機器」的我，又何以存在「我還曾認為我吃飯、走路、感覺、思維，並且我把我所有這些行動都歸到靈魂上去」的我又何以存在？笛卡兒說：「這樣，我就不能再有確實的形體，沒有了臉、手、手臂，更不會吃飯、走路，不會進行任何我以前認為理所當然的生理活動。如果真是這樣的話，那麼，『我』還是什麼呢？『我』還剩下什麼呢？當然，不可能『我』什麼都沒有，如果我能夠懷疑，那麼，我肯定還有一樣東西是絕對屬於我自己的。」

笛卡兒在思考之後認為這最後一樣屬於他自己的東西就是能夠幫助他懷疑一切的「思想」。正如笛卡兒所論述的那樣，「現在我覺得思維是屬於我的一個屬性，只有它不能與我分開。有我，我存在著才是靠得住的；可是，多長時間？我思想多長時間，我就存在多長時間；因為假如我停止思想，也許很可能我就停止了存在。因此，嚴格來講我只是一個在思想的東西，也就是說，一個精神、一個理智或者一個理性，這些名詞的意義是我以前所不知道的——我說：我是一個能思想，在思想的東西」。「我」不是任何東西，除了「我」能夠進行「思想」之外，「我」不具有任何以前「我」所認為理所當然的生理活動，也不具有任何形體。「我」的所有屬性也是「我」的唯一屬性就是——「思想」。「思想」是「我」能夠進行的唯一活動，也是唯一能夠證明「我」的唯一活動。

## 「思」

現在，我們已經知道，笛卡兒所說的「我思，故我在」中的「我」是一個「我是一個能思想，在思想的東西」。那麼，「思」又是什麼呢？笛卡兒在很多著作都對「思」做過解釋。例如他說：「『思想』，這個詞包括以一種我們能夠直接地意識的方式存在於我們之中的每一件東西。所以全部理智的活動、意志的活動、想像的活動和感覺的活動都是思想。」可見，笛卡兒在這裡表述的「思」是一個範疇相當廣泛的概念。另外，笛卡兒還把思想和思維以及「意識活動」等同起來看。在笛卡兒看來，「思想」就是「思維」，也就是我們的所有的意識活動。

## 「故」

「故」在「我思，故我在」這個命題中占據著很重要的作用，它直接決定了「我思，故我在」這個命題的性質。但是，「故」也是人們在解讀「我思，故我在」的時候最容易忽視的概念。表面上看，「故」有一種推理的意味，例如：我思想，所以我存在。在「我思，故我在」這個命題中，「我思想」是大前提；「我在」是建立在「我思想」這個大前提的基礎之上的結論；而「故」是從「我思想」向「我存在」演繹的一個過渡階段。實際上，按照我們通常的對「故」這個詞的理解，我們也只能對「我思，故我在」做出這樣的解釋。也就是說，我們很容易把「我思」當成一個從前提「我正在思想」推導出結論「我存在」的演繹論證過程。如果真的是這樣的話，那麼結論應該是確定的，因為這個演繹是有效的，而前提又是確定無疑的。因為，如果「我思，故我在」真的就如我們理解的那樣是一個推斷的話，那麼它不管怎樣都需要一個特殊的前提。但是笛卡兒是不是真就認為「我思，故我在」純粹就是一個推斷呢？實際上並不如此。

笛卡兒說：「當我們正在承認『我思，故我在』這個命題的時候，我們並不是真的要從『我正在思想』這個前提推導出『我存在』這個結論。」那又是什麼呢？笛卡兒說，「我們承認『我思，故我在』，只不過是透過我們的心靈直覺把它看成某種不證自明的事情。也就是說，『我思，故我在』這只是一種直覺，並不是從『我思想』到『我存在』的一個推論式的演繹過程。為什麼這樣說呢？因為如果『我思，故我在』真的是一個推理的話，那麼，我們就必須承認『任何思想的事物都是存在的』這個大前提，但是我們只能從經歷中認識到『離開存在我們就不能思想』。這正好是一個矛盾。」

如此，笛卡兒是不是就是說「我思，故我在」僅僅是一種直覺而和推理無關呢？事實上也不完全如此。在《指導心智的規則》一書中，笛卡兒又說：「我們每個人都能直覺到我們自己的存在，因此，『我思，故我在』的確定性只是對我們的存在的一種內省或者直覺。然而，當我們重新回到——『我思，故我在』到底是一種推理還是一種直覺——這個問題的時候，我們的回答只能是：兩者兼而有之。即『我思，故我在』既有推理的成分，也有直覺的成分。」

首先，在笛卡兒看來，「我思，故我在」既有推理的成分，也有直覺的成分。如果真的有區別的話，那也只是程度的不同而已。一般來說，並不能把兩者完全割裂開來看。例如：在推理的過程中，我們的直覺到了演繹的步驟；如果我們要真正弄明白結論是從前提之中推理出來的，我們仍需要直覺。

其次，實際上，在笛卡兒所理解的「我思」裡，「我思」這個狀態是「我」必須在第一時間感受到的。也就是說，「我」必須能領會到，並且是能直接領會到「我的存在」。所以，我們可以把「我思」從了解它的模式中辨別出來，把它當成是一種推斷，但至少它也是我們從直覺直接抓住的推斷。

## 「我在」

當我們再次回到「我思，故我在」這個命題本身的時候，雖然我們對它已經了解了很多，但是如果我們不能真正了解它所講的「我在」，那麼我們就不能夠斷言我們已經完全掌握了這個命題。那麼，「我在」到底是什麼意思呢？當然，從「我思，故我在」本身來看，我們多少能體會出「我思」和「我在」之間的關係，並且也能大致領會到「我在」的性質。很顯然，笛卡兒在這個命題裡所講的「我在」並不是我們通常理解「我存在」那麼簡單。也就是說，這裡所講的「我在」並不是指「我的肉體」的存在，而是指一個精神實體的存在。

為什麼這樣講呢？其實我們在前面的內容已經講過，「我思，故我在」這個命題裡所講的「我」本身強調的就是一個精神實體，它本身並不會考慮肉體存在的問題。所以在這裡所講的「我在」並不是對肉體存在的一種肯定或者表示。因此，我們可以肯定地說，笛卡兒在「我思，故我在」這個命題裡所講的「我在」應該是「思想」的存在，或者說應該是「懷疑」的存在。

當然，這裡的「我在」的存在和「我」的思想這個動態本身有很大的關聯。也就是說，「我思，故我在」離所講的「我在」雖然是一種思想的存在，但是它和精神主體的懷疑、了解、感覺以及「我」的一切內在的意識生活是有很大的關聯的，並不是單獨或者孤立存在的。也就是說，我們可以設想我們所想的和我們所感覺的事物是不存在的。但是，我們的思想、感覺、了解、願望等意識活動都應該是確切的事實。

總之，這裡的「我在」是一種思想的存在，即精神體、智慧或者理智的存在。例如：我們正在看的這本書可能是不存在的，但是我們不能由此得出結論認為正在看見這本書的「我們」是不存在的。因此，我們可以說，「我思，故我在」，但是我們不能說，「我在故我思」。按照這樣的邏輯，「我吃，故我在」、「我渴，故我在」、「我玩，故我在」、「我踢球，故我在」這些結論是不能成立的。因為，「我吃」、「我渴」、「我玩」、「我踢球」這些動作很可能都只不過是我們的幻想而已。我們從這些論述可以看出，笛卡兒在這裡所說的「我思，故我在」實際上是一種很超越的狀態。換言之，笛卡兒在「我思，故我在」這個命題裡所講的「我在」的確是指一個能直接被意識把握到的思想。

總之，就「我在」這個層面來講，「我思，故我在」這個命題應該是絕對正確的，是不應該為任何東西所懷疑的。任何懷疑和假設，即使是最荒誕不經的假設，即使是最堂而皇之的猜想，都不能把「我思，故我在」的真實性推翻。「我思，故我在」是絕對不容置疑的。

# 「我思，故我在」和近代哲學

笛卡兒以「我思，故我在」為基礎演繹出靈魂與肉體、精神與物質兩個分離實體，證明了上帝和外物的存在，在哲學史上確立起真正意義上的主體地位。但是，「我思，故我在」發揮出它的更加耀眼的光芒卻是在笛卡兒之後。在笛卡兒之後，「我思，故我在」幾乎成為了一條哲學公式。後來的哲學家們都從自己的立場出發，把他們的哲學代換進「我思，故我在」這個公式中加以演繹。

第一個借用「我思，故我在」這個公式的是馬勒伯朗士，把自己的哲學觀點代換到「我思，故我在」這個哲學命題中的還有偉大的哲學家康德。康德對笛卡兒的「我思」哲學持有嚴肅的批判態度，與其相反的是，著名的哲學家、現象學的創始人胡塞爾對笛卡兒的「我思」哲學大加讚賞。在現代存在主義思潮中，「我思，故我在」也占有相當重要的地位，許多哲學家的哲學思想都是從批判、改造「我思，故我在」為起點的，例如沙特。

作為笛卡兒哲學體系基礎，「我思，故我在」在笛卡兒的哲學體系中所起的主導作用毋庸置疑。笛卡兒在「我思，故我在」這個命題的基礎上建立了他的整個哲學體系。例如：笛卡兒以「我思，故我在」為基礎演繹出靈魂與肉體、精神與物質兩個分離實體，證明了上帝和外物的存在。在哲學史上確立起真正意義上的主體地位。但是，笛卡兒哲學，或者是「我思，故我在」發揮出它的更加耀眼的光芒卻是在笛卡兒之後。例如：有人甚至說，「法國哲學依靠笛卡兒『我思』已經生活了三個多世紀了。整部現代法國哲學史乃至現代西方哲學史幾乎都是在重新解釋或從不同角度批判笛卡兒『我思』哲學中展開的」。可見，笛卡兒哲學在西方哲學史上的地位相當重要。實際上也正是如此，在笛卡兒之後，「我思，故我在」幾乎成為了一條哲學公式。後來的哲學家們都從自己的立場出發，把他們的哲學代換進「我思，故我在」這個公式中加以演繹。總之，「我思，故我在」和近代哲學有著很深的淵源關係。

第一個借用「我思，故我在」這個公式的是馬勒伯朗士。馬勒伯朗士是法國著名哲學家，與笛卡兒一樣，馬勒伯朗士也是從「我思」這個角度出發，然後從「我思」演繹到「我存在」這個結論的。

當然，馬勒伯朗士和笛卡兒對「我思，故我在」這個命題的理解是有區別的。笛卡兒認為，「我思」既是一個直接的認識，並且同時是一個清楚、明晰的認識。我們會以確定的方式知道——我思想，所以我存在。對於我們的心靈來講，一切清楚、分晰的觀念，全都是真的。

但是，馬勒伯朗士卻認為，「我思」只能達到一種意識。透過「我思」，我們只能把握我們的存在，但並不能把握我們的本質。因為，這種意識雖然是清楚的、明晰的，但不是認識。我們的心靈不僅沒有全部理性的觀念，而且沒有任何觀念——甚至心靈自身的觀念，我們也並不是直接擁有的。在馬勒伯朗士看來，我們的心靈是無能為力的，心靈只有和神相結合才能看到觀念，只有在神之中我們才能認識。我們是在上帝之中看一切，認識一切。

很顯然，馬勒伯朗士就是這樣搭起了一座從「我思」通向神、上帝的橋梁。雖然馬勒伯朗士的「我思」和笛卡兒所說的「我思」存在這些區別，但是我們還是能很容易地從馬勒伯朗士的「我思」哲學中看到笛卡兒哲學的影子。

把自己的哲學觀點代換到「我思，故我在」這個哲學命題中的還有偉大的哲學家康德。「我思」哲學在康德哲學中也是一個非常重要的概念。康德的「我思」哲學和笛卡兒的「我思」哲學的區別主要表現在下面幾點：

首先，康德認為，笛卡兒的「我思」是一種經驗的「自我意識」，是主體從自我意識到自己在思維、感知、想像的反省——即主體的自我反省。因此，作為主體的自我反省的「我思」只能是一種自我感覺，這種「自我」是一種個體的感知經驗，是一種經驗的自我。「經驗的自我」是靠不住的，康德認為，「自我意識」應該是一種在邏輯上先於任何確定的思維，而又存在於一切具體的感知、想像、思維意識之中的認識的純形式，不應該僅僅是「經驗的自我」，更應該是「先驗的自我」。

其次，康德認為，笛卡兒從「我思」推斷「我在」時，自我意識與對象意識是相分離的。並且，笛卡兒把「我在」中的「我」看成是一種單純的正在思想者的「精神實體」。與此相反，康德認為「自我意識」與「對象意識」從邏輯上講是不能絕對地分離開來的。康德認為，「自我」是一種伴隨對象意識的能動的功能形式，它是先驗的、超時空的，不具有任何感情特徵，不是感覺直觀的對象；再說，任何存在必須具有來自「自在之物」的感情材料，總在時空之內的。所以，我們並不能直接感知「自我」，繼而我們也不能從「我思」

中推出「我在」的結論。康德由此得出結論，笛卡兒從「我思」推出獨立的精神實體「我」的存在實際上是一個錯誤推論。

實際上，康德是在批判笛卡兒的「我思」哲學的同時建立了自己的「我思」哲學。雖然我們不能說沒有笛卡兒的「我思」哲學就沒有康德的「我思」哲學，但是從某種意義上講，笛卡兒的「我思」哲學對康德的「我思」哲學是一個巨大的推動。

與康德對笛卡兒的「我思」哲學持有嚴肅的批判態度相反的是，著名的哲學家、現象學的創始人胡塞爾卻對笛卡兒的「我思」哲學大加讚賞。胡塞爾與笛卡兒有著一樣的哲學追求，就是都想為「人類認識找到一個無可置疑的起點，從而使哲學成為一門嚴格的科學，並為各門具體科學提供理論基礎。」笛卡兒在這個追求的指導下，透過「普遍懷疑」之後，得出一個無可懷疑的東西就是「我思」。笛卡兒認為「我思想」和「我存在」是在同一個層次上，從「我思想」可以直接證明「我存在」，一個思想著的我是存在著的。笛卡兒就把這個「思想著的我」作為無可懷疑的出發點。

作為與笛卡兒具有同樣哲學追求的哲學家，胡塞爾對笛卡兒的這種「我思」有著很高的評價。胡塞爾認為，笛卡兒的這種認識是一種對純粹的意識活動的一種認識。這種回到純粹意識活動本身是現象學還原的準備階段。在此基礎上，胡塞爾結合自己的現象學研究，對笛卡兒的「我思」進行了一番改造。

最後，胡塞爾在對「我思」哲學的改造中找到了「先驗的自我」。胡塞爾說：「先驗的自我的結構是：先驗自我——我思——所思之物。」從這個結構出發，胡塞爾認為，「我思，故我在」這個命題應改為「我思所思之物」。對此，胡塞爾說：「我思（意識活動）總是指向所思之物（意識活動的對象）。兩者是不可分割的。只要有思想就必須有思想的對象，如果沒有思想的對象也就沒有思想。笛卡兒懷疑對象的存在，而不懷疑思想，這是不合理的。」可見，透過對笛卡兒「我思」哲學的研究，胡塞爾發現的不是一個經驗的自我，而是一個先驗的自我。最後，胡塞爾認為，世界上一切事物都與自我的意識相關，並且自我透過我思或意向性建立相關的意識對象。

胡塞爾就是這樣把笛卡兒的「我思」改造成「先驗的自我」，並以此作為他現象學整個理論的出發點和世界一切事物的基點。

在現代存在主義思潮中，「我思，故我在」也占有相當重要的地位。許多哲學家的哲學都是從批判、改造「我思，故我在」為起點的。例如存在主義的代表哲學家沙特。

沙特的存在主義哲學的首要目的便是要建立一種以真理為基礎的學說。因此，在存在主義研究之初，找到一種絕對真實、無可懷疑的起點便成為存在主義哲學家亟待解決的問題。在這種情況下，沙特把自己的哲學出發點歸結到了笛卡兒的「我思，故我在」這個哲學命題上。沙特說：「主觀性應該是哲學的出發點，自然『我思，故我在』應該是第一真理。」在此基礎上，沙特對「我思，故我在」的科學性進行了分析。沙特認為：「在這個實際上，沒有一種真理能離開『我思，故我在』。因為只有藉助這個真理，我們才能得到一個絕對真實的自我意識。否則，如果沒有真正的自我意識，沒有笛卡兒的『我思』哲學，我們所認識的一切觀點都必將成為不確定的或者說是或然性的。但是，我們應該知道，任何不確定的學說都必將被人遺忘。因此，我們在描述不確定的學說之前必須要先找到一種確定的絕對的真理作為基礎，否則我們連站腳的地方都沒有，又何談去描述其他東西呢？」但是，什麼才是真正的絕對的真理呢？沙特認為，「真正的絕對的真理應該是最簡單的，很容易被人們認識的；絕對的、確定的真理在任何情況下都能被人們所接受，為人們所直接把握。那除了笛卡兒的『我思，故我在』還有什麼更符合這些特徵嗎？沒有！」

在肯定了笛卡兒「我思」哲學之後，沙特又進一步對笛卡兒的「我思」哲學進行了改造。沙特把笛卡兒的「我思」哲學一分為二：「反省前的我思」和「反省的我思」。實際上，沙特所講的「反省的我思」，有時是指「指向物的反省意識，即對對象的意識」；有時又是指「指向我的反省意識，即以自我為對象，自己與自己相關的意識」。當然，不管是哪種情況，這些都是被反省的。沙特認為，應該有一個使反省成為可能而本身卻不再被反省的意識，這就是「反省前的我思」。實際上，沙特的「反省前的我思」正是他的哲學的出發點。

綜上所述，笛卡兒的「我思，故我在」對近代哲學產生了極其深遠的影響。有人甚至認為，笛卡兒的「我思，故我在」這個命題是近代哲學的起點。

# 第四章　天賦觀念論

「天賦觀念論」是笛卡兒的重要理論之一，也是笛卡兒哲學乃至唯理論哲學的基礎。在笛卡兒看來，科學之所以是科學，是因為它是由清楚明白的、無可置疑的基本原理推演而來的科學體系。但是，這些清楚明白、無可置疑的基本原理不可能來源於感覺經驗，而只能是我們與生俱來的天賦觀念。笛卡兒在根據觀念的來源對觀念進行分類的時候說：「在這些觀念中間，我覺得有一些是我天賦的，有一些是從外面來的，有一些是由我自己製造出來的。」這實際上就是說，這三類觀念對應著三種心理功能，外來的觀念依賴於感覺；虛構的觀念藉助於想像；而天賦觀念則出於純粹理智。笛卡兒的「天賦觀念論」最原始的意義就是「天賦觀念的直接呈現說」。笛卡兒的「天賦觀念直接呈現說」在當時引起了極大的迴響，有相當一部分人對「天賦觀念直接呈現說」進行了批判。笛卡兒為了讓自己的「天賦觀念論」更加完善，後來又提出了「天賦觀念潛在發現說」來對他的「天賦觀念論」進行修正。「天賦觀念直接呈現說」難以令人置信，「天賦觀念潛在發現說」同樣也不能使人信服。於是笛卡兒又提出了「天賦能力潛存說」。

## 觀念和天賦觀念

笛卡兒說：「一般而論，觀念一語是指一切被思考之物，因為它們在悟性中只有一種客觀存在。」笛卡兒說得很明白，一切被思考之物都可以說是觀念。可見，觀念是一個範圍非常廣泛的概念。笛卡兒論述觀念只是想引出後面的「觀念的起源問題」。那麼，笛卡兒認為觀念到底是從哪裡來的呢？在笛卡兒看來，觀念是我們與生俱來的，是上帝賦予我們的。這就是笛卡兒的「天賦觀念論」。

「天賦觀念論」是笛卡兒的重要理論之一，也是笛卡兒哲學乃至唯理論哲學的基礎。在笛卡兒看來，科學之所以是科學，是因為它是由清楚明白的、無可置疑的基本原理推演而來的科學體系。但是，這些清楚明白、無可置疑的基本原理不可能來源於感覺經驗，而只能是我們與生俱來的天賦觀念。為什麼這麼說呢？笛卡兒認為，感覺經驗是不可靠的，不足以充當科學知識的基礎。笛卡兒舉了這樣一個例子：「剛從蜂房中取出的蜂蠟的顏色、形狀和大小一看便知。但是當我們把蜂蠟放在火邊時，沒過一會兒，蜂蠟的顏色、形狀和大小就會發生變化。這裡，同一塊蜂蠟，可是『感覺』一會兒告訴我們它是這樣的，一會兒又告訴我們它是那樣的，這說明感覺是變動不定的、靠不住的，只有理智才能認識事物的本質。」

當然，這只是對笛卡兒的天賦觀念的一個簡單的概括。要想對笛卡兒的天賦觀念有一個更深入地了解，我們還需要大量的篇幅來進行論述。但是在具體論述笛卡兒的天賦觀念之前，我們還有必要對「觀念」來一個深入的研究。

那什麼是觀念呢？笛卡兒說：「一般而論，觀念一語是指一切被思考之物，因為它們在悟性中只有一種客觀存在。」笛卡兒說得很明白，一切被思考之物都可以說是觀念。可見，觀念是一個範圍非常廣泛的概念。更確切一點來講，這裡所講的「一切被思考之物」不就是思想的對象或者知識的對象嗎？也就是說，這裡所講的觀念超出了我們通常所理解的「觀念就是概念」的見解。這裡的觀念不單單指概念，它既可以是三角形、心靈、太陽等概念，也可以是「三角形的內角之和等於一百八十度」、「等邊三角形各個角都等於六十度」等命題。

實際上，笛卡兒在對「觀念」下定義的同時就是在向我們暗示：觀念和概念是不能分開的。它們實際上是一對緊密地連結在一起的概念。例如：按照笛卡兒上面對「觀念」所下的定義，觀念可以是悟性的思考行為，有時也可以是被思考的對象，比如上帝。另外，笛卡兒又說，「觀念，我是指我們每個思維的這樣一種形式說的，由於這種形式的直接知覺，我們對這些思維才有認識。」這裡笛卡兒單就觀念所指的對象來說，稱觀念為思想的形式。這樣，觀念就具有了二重性——是形式和內容兩個方面的統一。從形式上看，觀念是思維的某種方式；從內容上看，觀念和存在、對象相關，反映了對象的實在性、存在的內容。

這樣，觀念的內容就變得豐富起來。因為觀念不管從形式上看，還是從內容上看，都是和「思想」直接相關的概念，並且是決定於思想的存在和發展的。而「思想」，在笛卡兒看來，思想是包羅萬象的。例如笛卡兒說：「思想一語是指一切存在於我們內心，為我們所直接意識到的東西。因此一切意志的、理智的、想像的和感知的活動都是思想。但是我加上了『直接』二字，為的是排除那些隨著思想而來的東西。例如：有意的動作，雖然它附屬於思想，以思想為原因或原理，但它本身不是思想。」

如此豐富的思想決定了觀念的內涵的豐富多彩，但是，是不是就豐富到無可言說的程度了呢？並不如此。總結笛卡兒關於觀念的論述，我們可以得知，在他看來，「觀念」應該有這兩層意思：一、想像的圖像、看的印象、聽的印象、冷熱的感覺、滋味的感覺等，其本身就是觀念；二、我們有圖像的觀念、印象的觀念、冷熱和滋味的觀念。但是這樣的總結還是很概括的，具體來講，笛卡兒在這裡所論述的觀念至少包括下面這幾層意思：

1、悟性的概念，如上帝、自我、三角形。
2、悟性的行為。
3、悟性的判斷，如三角形的內角之和等於二直角之和。
4、想像的圖像。
5、意志的意願。
6、感覺，如冷熱、疼痛、快樂。
7、情感，如愛、恨、恐懼。

笛卡兒對「觀念」的論述大致如此，實際上，他論述觀念只是想引出後面的「觀念的起源問題」。那麼，笛卡兒認為觀念到底是從哪裡來的呢？在笛卡兒看來，觀念是我們與生俱來的，是上帝賦予我們的。這就是笛卡兒的「天賦觀念論」。

笛卡兒在對觀念分類的時候說：「在我的觀念中，有些似乎是天生的，有些是求得的，有些是由我自己製造的。」再例如：有些觀念是外來的，比如我們一般所擁有的太陽的觀念；有些是製造的，比如天文學家靠著推理所形成的太陽的觀念；有些則是天生的，比如上帝、心靈、物體、三角形，以及一般而言一切表現真實的、不變的、永恆的本質的觀念。」

在這裡，笛卡兒主張觀念是天生的。他認為，「我們的感官機能無法帶給我們類似觀念的東西」。事實上，也正如笛卡兒所表述的那樣，我們的感官提供給我們的印象都是具體的、特殊的。但是，觀念是普遍性的東西，僅僅是憑藉感官的印象是不可能產生普遍的觀念的。但是，有人就要產生疑問了，如果說「感官的機能無法提供我們類似觀念的東西」。那麼，「感官」對於我們來講，是不是就毫無用處了呢？如果不是，「感官」到底為我們的觀念做了哪些貢獻呢？這實際上是一個很有意思的問題。笛卡兒的回答雖然是相當晦澀的，但也相當有意思。他說：「觀念是在感官所提供的機會上發生在我們心中的。」也就是說，在他看來，「感官」的功能僅僅是為觀念的產生提供機會而已，「感官」並不直接參與觀念產生的過程，「感官」也不會從本質意義上影響觀念的產生。在感官所提供的機會之下，我們心中會自然而然形成與感官所提供的機會相對應的觀念。

那麼，「感官」所提供的機會就正好會與觀念產生的機會等同嗎？如果不等同的話，觀念如何產生?這就涉及到了笛卡兒「天賦觀念」的本質問題。笛卡兒認為，「感官」所提供的機會正好會與觀念產生的機會等同的巧合正是由上帝安排的。上帝才是決定觀念是否產生的最重要的最根本的因素。這也就是說，我們的觀念實際上就是天賦的。

我們可以來看這樣的一個例子:「甜」的觀念來自於「糖」。依照笛卡兒的「天賦觀念論」，我們一見到「糖」就會在思想裡產生「甜」的觀念，但這並不是因為我們以前吃過「糖」，之所以一見到「糖」就會產生「甜」的觀念，是因為在我們心中有「甜」的觀念，當我們的感官一見到「糖」的時候，就給已經存在於我們心中的「甜」觀念(甜的觀念是天生的，是上帝賦予的)提供一個機會，讓它出現在我們思想裡，成為我們的觀念。

那麼，如果深究笛卡兒在這裡所講的「天生」呢?「天賦」具體指的又是什麼呢?仔細研究笛卡兒在這方面的言論，我們不難得出這樣一個結論，實際上笛卡兒所講的「天生」或者「天賦」不外乎下面兩層意思:

## 觀念存在於我們心中

這一層意思是說，我們的內心就如同一個大倉庫，而觀念就如同倉庫中儲存著的不同的物品，隨時隨地都可以把儲存在這個倉庫中的觀念取出來使用。笛卡兒說：「我不一定思考上帝。但是當我決定思考第一和至高無上的實有，並且從我心靈的倉庫裡把上帝的觀念取出來的時候，我就必須把一切真善美歸之於他。」這也就是告訴我們，在我們的心中有很多觀念，我們可以隨時隨地使用它們只要我們的感官想，只要有相應的機會，我們的感官隨時隨地都能調出相應的觀念，使之出現在我們的思想中。

## 形成觀念的能力

在這裡，笛卡兒指出，即使在我們心中已經存在大量的觀念，但是如果我們缺乏形成觀念的能力，那我們也不會產生觀念。當然，即使是在感官提供了相應的機會的情況下也不能。笛卡兒說：「上帝的觀念已印刻在人類心中，因此沒有一個人不具有認識他的能力。然而這並不阻止許多人終其一生，也不能使這個觀念呈現在自己面前。」也就是說，只有我們擁有了形成觀念的能力，再加上感官給我們提供的機會，我們才能形成觀念。否則，觀念也不會表現出來。笛卡兒還說：「每一個人心中至少擁有關於上帝之隱含的觀念，也就是明白認識它的能力，這一點，我毫不懷疑。但是如果他們感覺不出自己擁有它，或者不理會自己擁有它，或者把我的《沉思集》閱讀了千百遍還是不理會它，我也不會感到吃驚。」既然觀念還指形成觀念的能力，那麼是不是可以說，並不是我們每個人都能形成一樣的觀念呢？因為如果形成觀念的能力是後天學來的，那就很可能出現這種情況。但事實上並不如此，我們知道所有人的觀念意識幾乎就是一樣的。那為什麼會這樣呢？笛卡兒認為，即使觀念的形成需要「形成觀念的能力」這個條件，但是又因為形成觀念的能力本身也是天生的，並不需要後天的學習，所以不會產生上面我們所擔心的那種情況。而且，形成觀念的能力是每個人都天生具有的能力，即使我們不曾感覺到我們有這種能力，但是並不能否認我們擁有這種能力。

但是，肯定有人又要產生疑問了，既然生成觀念的能力是天生的，觀念本身也是天生存在於我們內心的，那麼我們每一個人生來就應該有從性質和數量上講一樣的觀念。但事實上並非如此，例如剛出生的嬰兒似乎就不符合這種情況，它們沒有任何觀念。對此，笛卡兒說：「我們可以這樣想，而且似乎很合理。那就是剛剛與嬰兒的肉體結合在一起的心靈，忙於知覺或感覺痛苦、快樂、冷熱的觀念，以及其他類似的觀念，並且完全被它們所占據。這些觀念都是由於它與肉體結合而發生的。雖然如此，他在心裡仍舊擁有上帝、自我以及一切自明真理的觀念，正像成年人擁有那些觀念而不去注意它們的時候那樣，他並非在長大之後求得了這些觀念。」

很顯然，笛卡兒在這裡指出，嬰兒實際上已經擁有和成年人一樣「質」和「量」的觀念和形成觀念的能力。但是，新生的嬰兒並沒有和成年人一樣擁有諸如語言、文字、技術等表達觀念的能力。這些表達觀念的能力是潛性的，又是顯性的，是只有在後天的學習中才能得來的。所以嬰兒看上去似乎沒有觀念，但實際上是有的。

但是，不管怎樣，笛卡兒的天賦觀念說尚處在初創和探索的階段，還不夠真正的嚴謹。在這個探索的階段，笛卡兒在不同的階段表述了「直接呈現說」、「天賦觀念潛在發現說」和「天賦能力潛存說」三種不同意義層次的「天賦觀念說」。一是「天賦觀念直接呈現說」，認為所有一切不是來自感覺經驗，不是來自主觀的虛構，而只能來自純粹的理性思維的東西都是天賦的。二是「天賦觀念潛在發現說」，認為天賦觀念是潛存在我們心中的，需要學習和訓練才能把它們從其他觀念的掩蔽和混雜中發現出來。三是「天賦能力潛存說」，認為天賦觀念實際上是一種潛存的能力，一旦經驗誘發它就能產生出這種觀念。

## 直接呈現說

笛卡兒的「天賦觀念論」最原始的意義就是「天賦觀念的直接呈現說」。「天賦觀念的直接呈現說」就是指具有這些特點的「天賦觀念」是直接呈現於我們心中的，不需要經過任何中間環節。這也就是說，把精神和肉體分開，把理智和感覺、想像分開，只要我們把我們的理智活動和意志活動控制在適度和協調的範圍之內，我們就能直接得到這樣的觀念。總之，所有一切不是來自感覺經驗，不是來自主觀的虛構，而只能來自純粹的理性思維的東西都是天賦的。笛卡兒的天賦觀念的含義是比較廣闊的，它或是指具體事物的概念，或是指揭示事物本質的概念，又或是指概括性的、具有普遍意義的公理、定理、普遍原則或者其他。笛卡兒的這種「天賦觀念直接呈現說」在當時就受到許多哲學家（如伽森狄、霍布斯等人）的批判。

笛卡兒的「天賦觀念論」最原始的意義就是「天賦觀念的直接呈現說」。笛卡兒在根據觀念的來源對觀念進行分類的時候說：「在這些觀念中間，我覺得有一些是我天賦的，有一些是從外面來的，有一些是由我自己製造出來的。」這實際上就是說，這三類觀念對應著三種心理功能，外來的觀念依賴於感覺；虛構的觀念藉助於想像；而天賦觀念則出於純粹理智。從此，我們也可以相應地歸納出「天賦觀念」的三個最基本的特點：

首先，它絕不能來自感官或想像，而是存在於理智中的，僅憑我們的理解得來的；

其次，它必須是清楚明白、無可置疑的。一切清楚明白的觀念就是天賦觀念；

最後，它是普遍有效的，是對事物的本質的認識，是永恆的真理。

而「天賦觀念的直接呈現說」就是指具有這些特點的「天賦觀念」是直接

呈現於我們心中的，不需要經過任何中間環節。這也就是說，只要我們把精神和肉體分開，把理智和感覺與想像分開，只要我們把我們的理智活動和意志活動控制在適度和協調的範圍之內，我們就能直接得到這樣的觀念。

總之，所有一切不是來自感覺經驗、不是來自主觀的虛構，而只能來自純粹的理性思維的東西都是天賦的。

上面的分析相當於分析天賦觀念的內涵，那麼，「天賦觀念的外延」相對來講應該怎樣理解？換言之，到底哪些東西才是真正屬於「天賦觀念」的呢？概括來講，就如跟我們在前面講過的那樣，笛卡兒的天賦觀念的含義是比較廣闊的，它或是指具體事物的概念，或是指揭示事物本質的概念，又或是指概括性的、具有普遍意義的公理、定理、普遍原則或者其他。

具體來講，「天賦觀念」的內容應該包括以下幾點內容：

任何關於事物的、單純的、性質的觀念應該是天賦的

在這裡，我們要注意「單純的性質」這個概念。那麼什麼是「單純的性質」呢？笛卡兒又把「單純的性質」稱為「簡單性質」。笛卡兒指出，所謂「簡單性質」，就是指那些不能再進行進一步劃分的基本單位。這些基本單位已經

足夠明晰和清楚，我們不需要對它進行再劃分，就能一眼看透他的本質。笛卡兒說：「『簡單性質』就是就其本身的認識，不需要經過任何終結，並且，這些所謂的『簡單性質』是構成其他事物的最基本單位。我們的所有知識就是由『簡單性質』（也即那些不能進行再劃分的基本單位）構成的。」

在笛卡兒看來，「簡單性質」基本上可以分為以下三類：

1、「純粹理智的簡單性質」

「純粹理智的簡單性質」大多數是關於思維和認識本身的性質。笛卡兒認為，我們在認識「純粹理智的簡單性質」的時候，並不是靠任何物質的表面形象來認識這種簡單性質的，而是需要藉助某種潛在的天賦之光，否則我們便不能認識這種簡單性質。這裡所講的「某種潛在的天賦之光」可以理解為「理智的直觀」。笛卡兒指出，雖然這種「純粹理智的簡單性質」表面上是很抽象的，但是從認識的角度來看，卻是很容易為人們所認識的，人們只需要藉助簡單的理性就可以正確把握這種「簡單性質」。屬於「純粹理智的簡單性質」如「我思」、「懷疑」、「意志」、「無知」等。

2、「純粹物質的簡單性質」

「純粹物質的簡單性質」大多數是有簡單的直觀外形的性質。例如有自己的形狀、廣延、運動以及其他直觀的形象。對於「純粹物質的簡單性質」的認識也相當簡單，只需要藉助其外在的形狀，我們就能很容易認識到。

3、「純粹理智和純粹物質相結合的簡單性質」

「純粹理智和純粹物質相結合的簡單性質」是「純粹理智的簡單性質」和「純粹物質的簡單性質」的結合。對它們的認識，既需要藉助純粹理智的能力，又需要藉助其外在的直觀形狀。屬於「純粹理智和純粹物質相結合的簡單性質」如「存在」、「統一」、「延續」等。

## 任何關於事物的、本質的觀念應該是天賦的

笛卡兒認為，對於「事物的本質」的認識能力是天賦的。有時候，事物的本質並不能表現出來，是內在的，憑我們的感官根本無法認識。但是我們還是能意識到它們的存在。我們認識事物本質的這種能力是天賦的。例如：一

塊蠟，在不同的情況下，它會表現出不同的狀態，但是不管在什麼狀態下，它仍然是那塊蠟，它的本質不會改變。又如，我們在數學上學過的「無窮大」、「無窮小」、「極限」等概念，我們並不能憑我們的直觀感受到它們的存在，我們只能憑藉我們的理智肯定它們的存在。所以，在笛卡兒看來，任何關於事物的、本質的觀念以及任何關於實體和無限等觀念都應該是天賦的。

## 任何關於上帝的觀念應該是天賦的

笛卡兒在他的一部著作中說過，「正如工匠在自己的作品上刻印下了自己的名字一樣，上帝在創造我的時候把『上帝』這個觀念留在了我的心裡。」笛卡兒用這句話告訴我們，上帝這個觀念不可能是來自我們自己的想像或者感覺，而是上帝自己把它留給我們的，換言之，「任何關於上帝的觀念都應該是天賦的」。

任何類似於公理、普遍原則、第一原則或者其他普遍性原則的觀念都應該是天賦的。笛卡兒認為，任何類似於公理、普遍原則、第一原則或者其他普遍性原則的觀念，例如：「三角形內角和等於一百八十度」、「我思，故我在」、「兩點之間線段最短」等這些公理或者概念不可能是來自我們自身的感覺或者想像，它們只能是天賦的。

笛卡兒的這種「天賦觀念直接呈現說」在當時就受到許多哲學家（如伽森狄、霍布斯等人）的批判，為了使這個學說能自圓其說，笛卡兒又提出了「天賦觀念潛在發現說」和「天賦能力潛在說」來加以修正。

## 潛在發現說

笛卡兒認為，「天賦觀念」是潛在地存在於我們心中的。如果想要認識這些潛在地存在於我們心中的「天賦觀念」，我們就必須不斷地學習和訓練自己的思維能力。只有經過長期的學習，我們才能真正發現潛在地存在於我們心中的那些「天賦觀念」。另外，「天賦觀念」之所以是潛在地存在於我們心中，是因為它們是和我們的肉體緊密地纏繞在一起的。也正因為「天賦觀念」是和我們的肉體緊密地連結在一起的，所以並不是每一個人都能很容易地從我們的心中把它們分辨出來。

笛卡兒的「天賦觀念直接呈現說」在當時引起了極大的迴響，有相當一部分人對「天賦觀念直接呈現說」進行了批判。笛卡兒為了讓自己的「天賦觀念論」更加完善，後來又提出了「天賦觀念潛在發現說」來對他的「天賦觀念論」進行修正。

笛卡兒認為，「天賦觀念」是潛在地存在於我們心中的。如果想要認識這些潛在地存在於我們心中的「天賦觀念」，我們就必須不斷地學習和訓練自己的思維能力。只有經過長期的學習，我們才能真正發現潛在地存在於我們心中的那些「天賦觀念」。另外，「天賦觀念」之所以是潛在地存在於我們心中，是因為它們是和我們的肉體緊密地纏繞在一起的。也正因為「天賦觀念」是和我們的肉體緊密地連結在一起的，所以並不是每一個人都能很容易的從我們的心中把它們分辨出來。

例如：剛剛出生的嬰兒由於過度地把自己的注意力放在表面的肉體上，所以他們的思想就只能限於「物體在他們的肉體上引起印象後所產生的那些思想」上，而不能潛在地存在於他們心中的那些「天賦觀念」。與剛剛出生的嬰兒相反，成年人有能力把自己的肉體和精神、理智和感覺區分開來，有能力把與肉體相關的思想拋在一邊，去發現那些潛在地存在於他們心中的「天賦觀念」。

正如笛卡兒所說：「嬰兒的身體完全從屬於感知或感覺疼痛、快樂、熱、冷等觀念和其他起源於身體統一和牽連的相似觀念。然而，他在他自身之中有上帝的觀念、自我的觀念以及所謂自明的真理。當然，成年人在他們沒有注意到時也是有這些觀念的。嬰兒後來長大時並沒有獲得這些觀念。我相信，只要嬰兒衝破了身體的牢籠，就一定會在他自身之中發現這些觀念的。」

笛卡兒相信，觀念是天賦予我們每個人的。但是，我們不可否認，在一般情況下，我們不能發現這一點。為什麼呢？這和我們人類的主管感情有關係。笛卡兒認為，我們的偏見會從一定程度上阻止我們對「天賦觀念」的認識。大多時候，天賦予我們的那些公共的概念和我們的偏見是相對立的。擁有這些偏見的人肯定不會承認「天賦觀念」的。只有我們完全站在理智的角度看，完全拋開我們的偏見，我們才能真正發現天賦觀念。「普遍懷疑」就是發現「天賦觀念」的最好方法。

總之，天賦觀念潛在發現說宣稱，天賦觀念是潛存在我們心中的，需要學習和訓練才能把它們從其他觀念的掩蔽和混雜中發現出來。這些觀念完全展現在我們心中，但是它們受到肉體的干擾，嬰兒、小孩和青年人的精神淹沒在肉體之中，思想極其密切地附著於身體，只有成年人才能衝破身體的牢籠發現那些自明的真理。

## 能力潛存說

「天賦觀念能力潛存說」是指「天賦觀念實際上是一種潛存的能力，一旦經驗誘發它就能產生出這種觀念。」笛卡兒在這裡把天賦歸結為一種能力。這種能力是潛存於我們心中的，引發這種能力「爆發」的是我們的經驗——我們在現實生活中的經驗。笛卡兒認為，經驗給我們提供了一個偶因或機緣，使我們的精神根據這種天賦的思維能力形成這些觀念。如果沒有經驗，潛存於我們心中的「產生觀念的能力」有可能永遠潛存下去。

「天賦觀念直接呈現說」令人難以置信，「天賦觀念潛在發現說」同樣也不能使人信服。於是，笛卡兒又提出了「天賦能力潛存說」。

笛卡兒說：「天賦觀念實際上是一種潛存的能力，一旦經驗誘發它就能產生出這種觀念。」笛卡兒在這裡把天賦歸結為一種能力。這種能力是潛存於我們心中的，引發這種能力「爆發」的是我們的經驗——我們在現實生活中的經驗。在這種經驗的引導下，這種潛存於我們心中的能力就會在我們的心中產生觀念。那麼，具體來講，怎麼理解笛卡兒在這裡說的這種能力呢？

笛卡兒在《第一哲學沉思集》中對霍布斯的反駁進行答辯時寫道：「當我說，某些觀念是我們與生俱來的，或者說它是天然地印在我們靈魂裡的，我並不是指它永遠出現在我們的思維裡，因為，如果是那樣的話，就沒有任何觀念；我指的僅僅是在我們自己心裡有生產這種觀念的能力。」笛卡兒在《對一個綱要的評註》中則說：「我從來沒有說過或者得出結論說，精神需要多少不同於思維能力的天賦觀念，但是當我觀察到在我的心中存在著某種思想，它們既不是來源於外部對象，也不是來源於意志的決定，而只是來源於我的思維能力，那麼我就能把這些觀念或者概念（它們是這些思想的形式）與其他一些外來的和虛構的思想區別開來，我把前者叫做『天賦的』。」這裡，笛卡兒講得很明白，他認為，「天賦觀念」實際上是一種潛存於我們內心的產生觀念的能力。

在具體論述這個內容的時候，笛卡兒舉過一個非常形象的例子。笛卡兒說：「像痛風等遺傳疾病，我們可以說它們就是天賦的。但是，『天賦』也並不是說，有這些遺傳史的家庭生出來的孩子生下來就有這種疾病，而是說自生下來以後就有了沾染這些疾病的絕大可能。」笛卡兒舉這個例子是要告訴我們，我們可以把「潛存於我們心中的產生觀念的能力」看作是某種傾向或稟賦。

最後，讓我們再回到「天賦觀念實際上是一種潛存的能力，一旦經驗誘發它就能產生出這種觀念」這句話。我們很容易就能發現，笛卡兒在這裡提到了「經驗」。這是個很重要的改變。笛卡兒一方面在承認「天賦觀念」的時候，一方面又沒有忽視「經驗」。也就是說，笛卡兒認為，我們心中雖然已經潛存有產生觀念的能力。但是，如果沒有現實經驗的「誘導」，觀念也不會自動產生出來。在笛卡兒看來，經驗給我們提供了一個偶因或機緣，使我們的精神根據這種天賦的思維能力形成這些觀念。如果沒有經驗，潛存於我們心中的「產生觀念的能力」有可能永遠潛存下去，但是正是因為有了經驗，「潛存於我們心中的產生觀念的能力」才有可能最終解放自己，從潛性的存在過渡到顯性的存在。

# 第五章　關於上帝存在的證明

「上帝」是笛卡兒第一哲學的中心範疇之一。笛卡兒認為，上帝不僅僅是宇宙之根，世界之根，人類之根。笛卡兒還認為，上帝就是人類認識的基礎，正因為上帝就是「根」，所以人類要想真正認識這個世界，就必須認識上帝；否則，我們就不可能真正認識宇宙，不可能真正認識世界，不可能真正認識我們自己。可以說，笛卡兒第一哲學的最終目的就是要用理性的方法證明上帝的存在和靈魂不死，以至於讓人們更加信仰上帝。

## 上帝的存在

笛卡兒認為，上帝不僅僅是宇宙之根，世界之根，人類之根。而且，上帝就是人類認識的基礎，正因為上帝就是「根」，所以人類要想真正認識這個世界，就必須認識上帝；否則，我們就不可能真正認識宇宙，不可能真正認識世界，不可能真正認識我們自己。總之，對上帝的存在和屬性的認識是必要的、必需的。

縱觀整個西歐哲學史，我們不難發現，幾乎所有哲學家的研究領域都涉及到了上帝的問題。當然，不同時代的或者同一時代的不同的哲學家在具體措辭上有所區別，但是具體的研究對象卻是萬變不離其宗，都是在研究上帝——這個被認為是宇宙之根、世界之根的「對象」。至於為什麼會如此，這並不難理解。哲學的主要任務就是求根，就是尋找宇宙的根，尋找世界的根，尋找人類的根，而「上帝」就是這「根」。所以一代又一代的哲學家孜孜不倦把自己的精力都投入了研究「上帝」的努力之中，他們認為，既然上帝是宇宙之根，世界之根，人類之根，那麼，如果哲學要是不研究「上帝」，就不會達到自己的哲學追求，就不能真正實現哲學的目的。

在笛卡兒看來也是如此，「哲學研究」不研究上帝就沒有存在的基礎。在《第一哲學沉思》中，笛卡兒明顯地流露出了這樣的思想：第一哲學的目的就是要用現實的方法去論證上帝的存在和靈魂不死。這樣才能使人們更堅信上帝的存在。

在笛卡兒的哲學中，上帝不僅僅是宇宙之根，世界之根，人類之根。而且，上帝就是人類認識的基礎，正因為上帝就是「根」，所以人類要想真正認識這個世界，就必須認識上帝；否則，我們就不可能真正認識宇宙，不可能真正認識世界，不可能真正認識我們自己。總之，對上帝的存在和屬性的認識是必要的、必需的。

例如：笛卡兒說：「我們在認識了自我的存在之後，往往對於我們自身之外的東西要保持懷疑態度。當然，這樣的懷疑態度是為了我們更進一步地獲得更多真實的知識，絕不能滿足於簡單地『認識自我的知識』。當我們有了這樣的觀念以後，我們就會發現一些普遍概念、通用原則，繼而我們就能用這些普遍概念或者通用原則構成若干絕對真實的證明。正如我們自身簡單的數目和圖形的觀念、建立在數目的認識之上的『等量加等量數目相等的觀念』，建立在圖形的認識基礎上的『一個三角形的內角之和等於二直角之和』等觀念。在面對這些觀念的時候，只要我們稍微注意前提，就能分辨出哪些結論是真的，哪些結論是假的。但是，我們往往會忽視某些前提，所以我們如果要想得到更確實的知識，就應該對某些結論的真實性持有懷疑態度。但是，當我們預先認識了心靈和萬物的創造者──上帝之後，我們才能保證得到確定的知識。」

講到這裡，我們應該明白，笛卡兒在這裡所講的意思是，只有上帝這個萬事萬物的創造者，才是確實性知識的真正保障。也就是說，我們在進行任何研究之前，必須先要對上帝有一個清楚的認識，否則我們的研究將偏離真理的發展方向；我們只有先清晰地、分明地認識了上帝的存在，才有可能清晰地、分明地認識任何確實的真理。

針對「關於上帝的研究」，笛卡兒實際上是以「上帝之觀念」為基礎的。

那麼，根據笛卡兒的上帝觀念，我們能得出上帝的哪些屬性呢？笛卡兒針對上帝的屬性有過這樣的描述——「當我們反省上帝之觀念時（這是他植於我們心中的），我們看到，他是永恆的、全知的、全能的，一切真與美的源頭、天地萬物的創造者。簡而言之，凡我們清楚認識的無限美善，只要不含缺點，他都擁有。」

可見，上帝的觀念指的是絕對完美之物。那麼什麼是完美之物呢？笛卡兒認為，所謂完美之物就是說自身不含缺點，並且不自相矛盾，必須存在於上帝之內。有了這些因素的才能稱得上是完美之物。與之相對應，作為完美之物的上帝，上帝自身的各種屬性中肯定不能含有任何缺點的屬性。也就是說：

## 上帝不可能是單純的物體

一般來講，單純的物體必須有延積，而延積又都是可分的。既然是可分的，那麼就證明它不是完美的，而是帶有缺點的。所以，一般的單純的物體在被分解之後，往往就會失去其本身的面貌、本性。這不符合上帝的屬性。上帝應該是自始至終是不可分的，並且是不可以改變其屬性的。笛卡兒在其著作中說：「就物體的本性而言，由於地區的延積蘊涵了可分性，而可分性表示不完美，因此我們確知上帝不是物體。」

## 上帝是不可以有感官的

笛卡兒認為，感官與肉體是緊密地連結在一起的，感官是肉體的一部分。我們既然說上帝沒有肉體，那麼它肯定也不能有感官。當然，我們雖然說上帝沒有感官，但是這並不否定上帝有自己的理智與意志。當然，我們還不得不承認「上帝的理智和意志」和我們通常所理解的「人類的意志和理智」是有區別的。一般來講，「人類的意志和理智是彼此有區別的，而上帝的單純性決定了他的一切屬性是單一的、同一的，也包括理智和意志。

總之，上帝的一切屬性都是無限的，沒有任何的缺點甚至一點點的瑕疵，而且上帝是絕對完美的。

笛卡兒在分析了上帝的屬性之後，用自己的方法（在笛卡兒自己看來是最科學的方法），用理性的自然之光，從哲學角度對上帝的存在做了一次最有力地證明。但是，在具體闡述笛卡兒「證明上帝的存在」之前，我們要弄清楚的一點就是，笛卡兒所講的上帝並不是我們通常所理解的神學意義上的上帝，這一點我們從上面笛卡兒對上帝的屬性的描述也可以看出。作為理性主義哲學的代表人物，笛卡兒（雖然自己就是一個宗教信仰者）不可能很隨便地接受一個上帝的概念，這和他「普遍懷疑」的觀念也不相符合。在笛卡兒看來，上帝是理性的代表，是理性主義的上帝。

另外，對於「上帝的存在」的觀念和笛卡兒在「我思，故我在」這個哲學原則中所確立的主體性原則的關係，我們也必須有一個清楚的了解。

首先，從「認識的順序」或者「邏輯上在先」的意義上來講，「我思，故我在」這個哲學命題中的「我思」的主體地位是第一性的。為什麼這樣講呢？因為只有確定了「我思」這個思想性的東西的存在，才能進一步確定上帝的存在。如果還不能確定「我思」存在，那麼「我」就不會在心中意識到那個完美的觀念——上帝觀念。只有「我思」存在了，主體性的「我」才能在心中意識到一個完美的概念——上帝觀念，上帝觀念才能存在。

其次，從「存在的順序」或者「時間上在先」的原則來講，「上帝的存在」

是第一性的。沒有上帝就沒有「我思」，就沒有「我」，是上帝創造了「我」，創造了萬物。

那麼，笛卡兒又是怎樣來證明上帝的存在的呢?對此，笛卡兒說：「可以證明上帝存在的路只有兩條，一是從他的效果上來證明他的存在；二是從他的本質或者本性本身來證明他的存在。」具體來講，笛卡兒從「先天論證上帝存在」、「從上帝之觀念的來源證明上帝存在」、「由自我之存在證明上帝存在」以及「由自我生命的持續證明上帝存在」等四個角度證明了上帝的存在。

## 上帝存在的第一論證：先天論證上帝的存在

所謂的「先天論證上帝的存在」，就是指從包含在我們的上帝觀念中的必然存在性來證明上帝的存在。笛卡兒認為，我們可以從我們的思維中得出某個東西的觀念，然後我們可以就此斷言：凡是我們清楚地、分明地認識到某些是屬於某個東西的東西，都實際屬於這個東西。換言之，如果我們能清楚分明地認識到一個屬於上帝的本性的「現實的和永恆的存在性」，那麼，這種我們能夠意識到的存在性就在上帝的本性之中。在哲學史上，由於這種證明上帝存在的方法是以「上帝觀念的本質規定」作為出發點的，所以人們稱之為「先驗的本體論證明」。

所謂的「先天論證上帝的存在」，就是指從包含在我們的上帝觀念中的必然存在性來證明上帝的存在。具體來講，笛卡兒的推論或者證明過程可以概述如下：

首先，笛卡兒認為，我們可以從我們的思維中得出某個東西的觀念，然後我們可以就此斷言：凡是我們清楚地、分明地認識到某些東西是屬於某個東西，全部實際屬於這個東西。也就是說，如果我們能清楚分明地認識到一個屬於上帝的本性「現實的和永恆的存在性」，那麼，這種我們能夠意識到的存在性就在上帝的本性之中。就像是在其他事物中不能把本質與存在分開一樣，例如：一個直角三角形的本質不能和它的內角和等於兩直角分開；一座山的觀念不能同一個山谷的概念分開。那麼，如果我們正在領會一個至上完美的存在體（這個世上完美的存在體就是上帝），而這個所謂的至上完美的存在體竟然缺少存在性，這顯然就是很荒唐的。

因此，正如我們從不會想像出一個不帶山谷的山這個事物一樣，我們也根本不可能領會到一個不帶有存在性的上帝。一座山是必須有谷的，有山必有谷，有谷必有山。一個三角形和它的「內角和等於兩個直角之和」這個性質也是分不開的，以此類推，上帝和它的存在性也是分不開的。正如笛卡兒所說：「所以存在性和上帝是不可以分開的，所以上帝是存在的。不是我把事物想成什麼樣事物就是什麼樣，並且把什麼必然性強加給事物；而相反，是因為事物本身的必然性，即上帝的存在性，決定我的思維去這樣領會它。」這告訴我們，上帝本身是存在的，並不能因為我們沒有想像到或者切身感受到它的存在就因此判定它不存在。當然，上帝也不會因為我們的隨意的判斷而否定自己的存在性。

在哲學史上，人們也把笛卡兒的這種證明稱為本體論的證明。這個證明的前提是認為上帝是一個至上的、無與倫比的、絕對完美的觀念。這些本性決定了上帝不可僅僅存在於我們的觀念之中。因為只存在於觀念中的東西，實際上是不完美的。那麼什麼是完美的存在呢？當然是實際存在於觀念中，又存在於現實中的東西才夠完美。這一點我們很容易就能理解。沒有人只想在想像中成為一個富翁，而在現實中做一個窮光蛋。所有人都只想在現實中成為一個富翁，在觀念中即使是一個乞丐也沒有任何關係。這樣看來，缺乏現實的存在性將直接決定一個存在的完美性。那麼，如果上帝僅僅是在觀念中才存在，那它就是不完美的，顯然，這與「上帝是絕對完美的至上的觀念」是互相矛盾的。如果我們認為上帝是完美的，那麼它肯定就會在現實中存在；如果我們認為上帝不在現實中存在，那麼它就不完美。但是，恰巧的是，上帝是一個完美的概念，就像我們在前面所論述過的一樣。因此上帝是存在的。

總之，笛卡兒這種證明上帝存在的方法，是以「上帝觀念的本質規定」作為出發點的，所以人們稱之為「先驗的本體論證明」。

## 上帝存在的第二論證：從上帝之觀念的來源證明上帝的存在

在這裡，笛卡兒按照「無中不能生有」、「原因必須大於或者等於結果」的原則對「上帝的存在」進行了一個簡單的推理。「無中不能生有」、「原因必須大於或者等於結果」的原則也就是說，任何事物的存在都不可能是沒有原因的。換言之，「上帝的觀念」是有一定的原因的，它不是我們空想得來的結果，不是隨隨便便的假象。笛卡兒以此為出發點經過一系列的推理得出了這樣的結果：首先，上帝的觀念不可能是來自「我」自己的。其次，上帝的存在是「天生」的，它的存在和外在的物質世界沒有任何關係。再次，上帝的觀念不可能是假的。總而言之，還是那句話，我們擁有最完美之物或絕對完美之物的觀念。這個觀念的原因必須是真實存在的最完美之物，即上帝。

我們在前面已經講過，上帝是「我」在心中意識到的最完美的「觀念」，那麼，笛卡兒又是怎樣來敘述這個「完美的觀念」的呢？笛卡兒說：「對於上帝這個名詞，我是針對一個無限的、永恆的、長久不變的、不依存於別的事物而存在的、至上的、明智的、無所不能的以及我和我周圍的一切事物都是因為他的創造而產生的實體來講的。」

可見，「上帝的觀念」是「我」內心所能感受得到的，是內心的經驗。當然，在「我」意識到我擁有「上帝」的觀念之後，接下來就是要追求這個觀念的來源。那麼，上帝這個觀念的來源如何？對於這個問題的論述，笛卡兒在

《哲學原理》中是這樣說的：「由於我們發現我們心裡有上帝的觀念，亦即一個最完美之物的觀念，因此我們能夠探究產生這個觀念的原因。當我們考慮到它所擁有的無限的完美之後，我們必須承認它是生於一個十全十美之物，亦即一個真實存在的上帝。

因為，一方面，自然之光明白顯示出，空無不能作為任何東西的原因，並且較完美之物不能出於較不完美之物。另一方面，如果在我們之內或在我們之外沒有一個原始之物，則我們不可能具有任何事物的觀念。但是，無論在什麼方式下，我們沒有觀念所表示的那一切絕對完善，因此我們必須下結論說，它們存在於跟我們的本性不同的本性之中，亦即存在於上帝之內。」

在上面這段話中，笛卡兒論述了很多觀念和命題。實際上，笛卡兒在這段話中就是按照「無中不能生有」、「原因必須大於或者等於結果」的原則對「上帝的存在」進行了一個簡單的推理。「無中不能生有」、「原因必須大於或者等於結果」的原則也就是說，任何事物的存在都不可能是沒有原因的。笛卡兒說：「在一個結果裡，沒有什麼東西不是曾經以一種同樣的或者更加美好的方式存在於它的原因裡。」也就是說，「上帝的觀念」是有一定的原因的，它不是我們空想得來的結果，不是隨隨便便的假象。

讓我們再次回到上面那一段話中。從中我們可以得出笛卡兒「證明上帝存在」的具體的推理過程：

1、我們發現我們心裡有上帝或最完美之物的觀念；

2、上帝的觀念擁有無限的美善；

3、這個觀念必須有原因；

4、它必須生於真實存在的上帝；

5、因為空無不能是任何東西的原因；

6、較不完美之物不能是較完美之物的原因；

7、如果在我們之內，或在我們之外，沒有一個蘊涵一切美善的原始之物，則我們不可能具有任何事物的觀念；

8、我們沒有絕對的美善；

9、所以那些美善必然存在於上帝之內；

10、所以上帝存在。

總之，按照笛卡兒的思想，我們擁有最完美之物或絕對完美之物的觀念。這個觀念的原因必須是真實存在的最完美之物，即上帝。

經過這個推理過程，笛卡兒得出的關於「上帝存在」的結論可以歸納如下：

首先，上帝的觀念不可能是來自「我」自己的。笛卡兒認為，上帝是一個無限的實體，而「我」是一個有限的實體。一個無限的實體是不可能從一個有限的實體中產生出來的，因此，上帝的觀念是不可能來自「我」自身的。而「我」自身之所以能感受到上帝的觀念，是因為上帝賦予了我這種能力。當然，在這裡所講的「上帝是一個無限的實體」，並不是說上帝的「無限」是對有限的一種否定，與此相反，所謂上帝的「無限」是一種肯定的無限。這樣的意思是說，主體「我」的心中先產生「無限」的概念，然後才產生「有限」概念的。

因此，先於「有限」的「我」產生的「無限」的上帝是完美的，而後於「無限」的「上帝」產生的「我」之所以在懷疑，就是因為「我」本身的不完美和缺點。因此，「我」是有缺點的，是不完美的。完美的無限的上帝是不可能產生於有缺點的不完美的「我」的，因此，上帝的觀念不可能來自於「我」自己。

其次，上帝的存在是「天生」的，它的存在和外部的物質世界沒有任何關係。笛卡兒說：「我們歸之於上帝的東西沒有一個是可以作為一個樣板的原因來自於外部世界的，因為上帝裡面沒有任何東西和外部世界的東西相同甚至相似，也就是說上帝裡面沒有任何東西和物體性東西相似。」笛卡兒認為，上帝的存在和外部的物質世界也沒有任何關係，都是天生的，不受任何支配，它的產生和外部的物質世界沒有任何關係。這可以從我們歸之於上帝的屬性看出，上帝本身的屬性和我們所處的物質世界沒有任何的相似之處。

再次，上帝的觀念不可能是假的。笛卡兒說：「上帝這個觀念本身是非常明白的，非常清楚的，它本身比除它自己之外的任何東西都具有更多的客觀實在性，所以沒有任何一個觀念比它更真實、能夠更少地被人懷疑為錯的或者假的。」透過這句話，笛卡兒實際上是想告訴我們，「上帝」這個完美的觀念完全是真實的，不可能是假的。

笛卡兒認為，我們擁有最完美之物或絕對完美之物的觀念。這個觀念的原因必須是真實存在的最完美之物，即上帝。正如笛卡兒所說：「我們在我們自身的心靈發現的這個非常完美的存在物——上帝，是被一個真正比我們更完美的本性放在我們的心裡的。這個比我們更加完美的本性具有我能想像到的一切完整性，它沒有任何缺點，是確實的、真理的化身。那麼，這個集完美於一身的本性究竟是什麼呢？它就是上帝。因此，我們心中的完美的觀念不可能是其他任何事物，只能是上帝。從這一點，我們也可以深切地感受到，上帝是存在的，不是絕對空虛的假象。試想一下，如果上帝不存在，那我們心中的完美的觀念是怎麼來的？上帝的觀念又是從哪裡來的呢？」

以上，笛卡兒從效果的角度證明了上帝的存在。

## 上帝存在的第三論證：由自我之存在證明上帝的存在

上帝是我們心中的最完美的觀念。也就是說，上帝這個觀念是存在於「我」心中的，或者說上帝這個觀念的存在是以「我」的存在為前提條件的。但是，既然上帝是創造一切的造物主，可它的存在又怎麼以「我」為前提呢？「我」又是怎麼來的？「我」是怎麼存在的呢？笛卡兒是這樣分析的：首先，「我」並不是自己產生自己的。其次，從精神的角度講，「我」也不是從父母那裡產生的。再次，「我」的存在也不是某種說不清楚的原因成就的。最後，「我」的存在也不可能是十幾個原因同時發生作用產生的。既然這些原因都不能成就「我」的存在，那麼，「我」的存在還得歸功於上帝。

我們已經知道，上帝是我們心中的最完美的觀念。也就是說，上帝這個觀念是存在於「我」心中的，或者說上帝這個觀念的存在是以「我」的存在為前提條件的。但是，既然上帝是創造一切的造物主，可它的存在又怎麼以「我」為前提呢？「我」又是怎麼來的？「我」是怎麼存在的呢？

笛卡兒在《哲學原理》中說：「我們不是我們自身的原因；上帝才是我們的原因，所以上帝存在。但是由於人們不理會這一點，並且，當我們擁有一部展示高度技巧的機器的概念時，我們清楚地知道，我們是以什麼方式獲得了此種知識，還有，我們甚至不記得，我們所擁有的上帝的觀念是在什麼時候由上帝傳給我們的，因為它一直存在於我們心中；因此我們必須探討，誰是我們的存在的創造者（因為我們擁有無限美善的觀念，這無限美善存在於上帝之內）。因為，自然之光使我們清楚地看到，凡認識比他自己更完美的東西的，不能是他存在的創造者，因為那樣的話，他必會將他知道的一切美善賦予他自己；因此，他的存在不能來自別的東西，只能來自擁有這一切美善者，即來自上帝。」

笛卡兒在這裡說，「自然之光使我們清楚地看到，凡認識比他自己更完美的東西的，不能是他存在的創造者，因為那樣的話，他必會將他知道的一切美善賦予他自己。」自然之光就是理性，清楚地看到就是說理性在這一點上具有清晰而分明的觀念，「凡認識比他自己更完美的東西的，不能是他存在的創造者。」因為自我是實體，美善是附體、附性，如果我能創造自我的實體，那麼我必能創造自我的附體、附性。

具體來講，「關於我的存在的原因」——也就是說，「我」到底是自己產生自己的呢？還是從父母那裡產生的？或是從上帝那裡產生的？又或是從某種說不清楚的原因產生的？笛卡兒是這樣分析的：

首先，「我」並不是自己產生自己的。笛卡兒說：「如果我們自己就是自己存在的原因，或者說我們自己的存在不依賴於任何事物的話，那麼，我們自己就應該有極大的完美性，我們自己就是一個無限的概念、最確實的概念，我們自己就不應該對其他任何事物產生懷疑，——那麼，『我們就是上帝』。但事實上並不如此，例如：如果我們真如上面所說的那樣是我們自己產生自己的話，那麼，沒有一個創造我的東西保存我，我又是怎麼持續存在下來的呢？」

笛卡兒在這裡所說的「持續存在」並不是時間上的持續，而是指「存在」不斷地被創造出來，是重新產生。這是笛卡兒自己創造的觀點，「我的全部生存時間可以分為無數部分，而每一部分的存在並不影響任何其他的部分，這樣看來，從不久以前我存在這一件事並不能推斷出我現在也存在這個結論，假如這個時候沒有什麼力量產生我、創造我或者保存我的話，我是不是還存在呢？」

這句話告訴我們，我們如果要持續存在下去，需要同一的能力和同一的行動，只有這種能力才能把我們產生出來，創造出來，才能使得我們持續存在下去。可事實上，我們有這種能一直讓我們持續存在下去的能力嗎？很遺憾，我們沒有。試想一下，「我思」——我們是一個能夠思想的東西，如果我們有那種所謂的能夠幫助我們持續存在下去的能力，那麼我們就能夠思想到。但是事實上，我們沒有「思想」到我們有這種能力。也就是說，我們沒有創造自己的能力，沒有保存自己的能力，沒有那種能幫助我們持續地存在下去的能力。「我」——只能是由其他的東西創造並保存的。因此，上帝是存在的。

其次，從精神的角度講，「我」也不是從父母那裡產生的。一般來講，我們都認為是父母給予了我們生命，給了我們一切。但是，在笛卡兒看來，父母只是給了我們肉體。而實際上，「我」之所以存在更多是因為「我」是一個思維著的東西。作為思想著的「我」，作為能從心中感受到上帝這個觀念的我不是從父母那裡來的。再說了，從上面持續存在的角度看，即使父母賦予了我們生命，但是他們並沒有能力保存我們，讓我們持續存在。所以，我們的存在不能簡簡單單地認為是從父母那裡來的。因此，上帝是存在的。

再次，「我」的存在也不是某種說不清楚的原因成就的。笛卡兒認為，如果我們是依託於某種說不清的原因而存在的，那麼，「我」自身包含的一切東西，一切清楚的和不清楚的屬性應該都包含在這個說不清楚的原因之內。進一步推理，「我」心中是存在一個無上完美的上帝的，那麼這個無上完美的上帝也應該包含在這個產生「我」、保存「我」的這個說不清楚的原因之中。

也就是說，產生「我」、保存「我」的這個原因是絕對的，是不依託於任何其他的事物而存在的。那麼，具有「不依託於任何事物而存在」的這個屬性的事物是什麼呢？不就是上帝嗎？笛卡兒因此說，如果我真的是由於某些說不清楚的原因產生並且保存的話，那麼，這個原因可能就是上帝。或者說，把這個說不清楚的原因研究得更深入一點就可以找到它的本來面目——上帝。因為只有上帝能自己創造自己，自己保護自己，自己不依託於任何其他的事物而自行存在。因此，上帝是存在的。

最後，「我」的存在也不可能是十幾個原因同時發生作用產生的。我們在尋找自己產生的原因的時候，找了很多原因都不確定。這時，我們就會想：我們有沒有可能是幾個原因同時發生作用產生的產物呢？例如：我們從這些原因中的一部分得到我們歸之於上帝的一部分完整性，從另一部分得到我們歸之於上帝的另一部分完整性——以至於得到全部。但是，笛卡兒說：「即使所謂的完整性全部存在於宇宙中，也不可能得到一個完美的集合體——上帝。而實際上這是和上帝的完美形式相互矛盾的，因為統一性、單純性以及不可分性恰恰是上帝的完美性最典型的表現。因此，「我」不可能是由於幾個原因同時發生作用產生的。相反，「我」只能由上帝產生。因此，上帝是存在的。

最後，笛卡兒總結說：「我在這裡用來證明上帝存在的論據，它的全部效果就在於我認識到，假如上帝真的不存在，我的本性就不可能是這個樣子；換句話說，假如上帝是不存在的，我的心中就不可能有一個上帝的觀念。相反，正因為『我』是上帝創造的並且保存的，所以我心中才有了上帝的觀念，因為上帝在創造我的時候把這個觀念放在了我的心裡，就好像工匠在自己的作品上刻上了自己的名字。」事實上，笛卡兒在此是從「我」的存在的角度來論述上帝是存在的。

# 第六章　關於外部事物存在的證明

笛卡兒的哲學是從「普遍懷疑」開始的，在普遍懷疑的基礎上提出了「我思，故我在」的著名命題。繼而，笛卡兒又從「我思，故我在」這個基本命題出發，想方設法證明了上帝的存在。但是除了上帝之外，我們感官所能感受到的這許多事物又是怎麼回事呢？

笛卡兒是怎樣從我的存在證明上帝的存在，證明「外部事物的存在」的呢？實際上，笛卡兒在證明外部事物的存在的時候還得藉助於上帝，還得藉助在「證明上帝的存在」的時候所使用過的原則或者結論。笛卡兒先是使用在證明上帝的存在的時候所使用過的「原因的實在性必須大於或者等於結果的實在性」這個原則來證明上帝的存在。在此基礎上，笛卡兒運用排除的方法證明了外部事物的存在。

# 物質事物的存在

笛卡兒在這個「普遍懷疑」的基礎上，從「我思，故我在」這個基本命題出發，想方設法證明了上帝的存在。但是除了上帝之外，我們感官所能感受到的這許多事物又是怎麼回事呢？笛卡兒開始探尋外部事物的本質。接著，他又列舉了三種清晰的外部事物：首先，有連續性的量；其次，那些連續之量的各種不同的部分也是我們能在第一瞬間想像得到的；最後，加給各種部分的運動的特性也是我們能在第一時間想像得到的。這三者是「我們的認識」能直接感受到的最基本的外部事物。笛卡兒認為，它們的存在都是真實，也都是可以直接證明的。

我們已經知道，笛卡兒透過「普遍懷疑」的方法否定一切事物的存在。在「普遍懷疑」裡，笛卡兒認為，我們的感官是騙人的，因為我們通常透過我們的感官所感覺到的東西實際上是不存在的。例如：我們根本沒有辦法區別「夢」與「醒」，因為我們在夢中感覺到的東西實際上在現實中是不存在的，這樣看來，「夢」就是「醒」，「醒」同時又是「夢」。透過「普遍懷疑」，笛卡兒發現，所謂無所不能的上帝其實是個大騙子，這個大騙子利用一切辦法欺騙我們。其實這個世界上我們能感受到的東西都不存在，例如：空氣、陽光、顏色、花朵等，我們能感受到的事物實際上是不存在的。但是，我們不應該懷疑這一點，那就是自我的存在。

但是，笛卡兒在這個「普遍懷疑」的基礎上，從「我思，故我在」這個基本命題出發，想方設法證明了上帝的存在。可除了上帝之外，我們感官所能感受到的這許多事物又是怎麼回事呢？笛卡兒是怎樣從我的存在證明上帝的存在，證明「外部事物的存在」的呢？例如：笛卡兒說：「在目前，我既然發現了應該做什麼，或者避免做什麼才能獲得真理的知識，那麼，我現在的首要之務，就在於盡力從我過去所陷入的懷疑中超脫出來，看看能否從物質事物方面得到一些可靠的知識。但在我探究是否有這些事物在我以外存在以前，必須就我意識中所發現的這一些事物的觀念進行分類，看看哪一些是清晰的，哪一些是雜亂的。」實際上，笛卡兒在這裡就是要探尋外部事物的本質，探尋外部事物的存在到底是怎麼回事？笛卡兒接著列舉了三種清晰的外部事物。

首先，有連續性的量。笛卡兒說：「我首先就能想像得到，並且是非常清晰地想像到，有一些哲學家稱之為有連續性的那種量，或者說有長、寬、高三量的擴延，此擴延就在這個量裡。甚至可以說，有長、寬、高三量的擴延就在人們認為具有『量』的事物裡。」

其次，那些連續之量的各種不同的部分也是我們能在一瞬間想像得到的。笛卡兒說：「我們能在上面提到的這個連續之量中列舉出很多不同的部分。然後，我們還可以把各種體積、形狀、位置和運動加給這些列舉出來的部分。」

最後，加給各種部分的運動的特性也是我們能在一時間想像得到的。笛卡兒說：「我們可以想像得到我們上面提到的這些運動具有不同程度的持續性。」

另外，我們不僅僅是在概括這些事物時對它們的存在會產生清晰的認識，實際上只要我們足夠用心，就可以發現形狀、數目、運動方面的無數特性，甚至還可以發現其他一些這類的事物。

總而言之，我們上面提到的任何事物，或者是具有上面提到的任何特性的事物，它們都是真實的。並且，它們是如此地與我們的本性相契合。我們和他們熟悉的程度讓我們自己也難以想像，因為當我們偶爾發現它們的存在的時候，根本不會有任何發現新事物的欣喜，就好像只是又見到了從前的老朋友一樣，那種感覺是由來已久的。也就是說，只有我們偶爾把注意力放在它們這裡的時候，我們才會發現原來在我們的心裡有如此多的關於事物的概念或者觀念。這應該是我們發現的最重要的事情了。當然，在沒有證明它們是真實地存在於我們之外的世界以前，也許它們是不真實的。但是，它們在我們的心裡，在我們的思想裡，只要我們肯定這一點，我們就不能否定它的真實性。相應地，它們也不能被認為是絕對虛無縹緲的存在。因為，它們的確「並不是我杜撰出來的，而是具有它們本身真實和不變的本性」。接著，笛卡兒舉了這樣一個例子：

當我們正在想像一個三角形的時候，我們能明確地感受到我們想像中的三角形的各種特徵和性質。例如「三角形的三個角的和等於兩個直角」、「三角形最長的邊對著最大的角」等三角形的特性。當然，我們在進行這樣的想像的時候，我們正在想像的三角形也許在我們的現實世界中是不存在的。但是，不可否認的是，我們正在想像的這種三角形的明確的形狀、性質以及它的任何特性，都是不變的，都是恆定的，並不是我們能隨隨便便捏造、虛構出來的。也就是說，三角形的這些特徵和性質絲毫不依賴於我們的心靈的存在而存在，不管我們去不去思考它，它都是存在的，這是一個事實。

實際上，類似於例子中所說的情況有很多。也就是說，很多自然的物質的特性都是真實的，並不是純粹捏造和虛構的，因為我們可以很明白地理解它們。正如笛卡兒在方法論裡所說過的一樣，「凡是我明白而清晰地認識到的事物都是真的」。像例子中說的三角形一樣，雖然我們還沒有證明它的存在，但是因為我們可以明白而清晰地理解它們的各種特性，所以它們是真的。

## 物質事物存在的證明

笛卡兒在證明外部事物的存在時，仍然使用了他在證明上帝的存在時所使用過的原則——「原因的實在性必須大於或者等於結果的實在性」。笛卡兒認為，外部事物的存在是真實的，它們的存在也不是無緣無故的，肯定是有原因的。笛卡兒在「原因的實在性必須大於或者等於結果的實在性」這個原則的基礎之上，運用排除的方法證明了外部事物的存在。笛卡兒首先認為，上帝和任何我們所假想的那種不同於物質事物的某種更高貴的造物主，就不可能是我們心中形成外部事物的觀念的原因。我們關於外部事物的觀念必定是由外部事物自身所形成的，因此，外部事物必定是存在的。

正如上面所論述過的一樣，笛卡兒相信外部事物存在的真實性。但是，笛卡兒是怎樣從我的存在過渡到外部事物的存在的呢？換句話說，笛卡兒是怎樣證明外部事物的存在的呢？實際上，笛卡兒在證明外部事物的存在時還得藉助於上帝，還得藉助在「證明上帝的存在」時所使用過的原則或者結論。

我們知道，在「證明上帝的存在」的內容裡，笛卡兒已經完成了從「懷疑上帝的存在」（即認為上帝是一個大騙子）到「上帝是一個無限完美的存在體」（實際上，上帝不是一個騙子）的過渡。上帝既然不是騙子，那麼，「凡是我能夠領會得清楚、分明的東西，上帝都有能力產生出來」。這也就是說，我們在外部世界裡所感受到的事物，並不僅僅是知覺，並不是虛構的，空虛的，並不是上帝在騙我們，而是實實在在存在著的。但是，作為理性主義的代表人物，笛卡兒認為，感覺經驗是不可靠的，僅憑感覺經驗得到的東西不一定是真實的，只有經過理性思考得到的東西才是真實的，或者說，只有清楚、分明地領會到的東西才是真實的。因此，笛卡兒雖然是藉助於在「證明上帝的存在」時所使用過的原則或者結論來證明外部事物的存在的，但是笛卡兒並不是直接以上帝作保證來肯定外部事物的存在的。按照笛卡兒的觀點，要證明外部事物的存在，我們並不能從感官經驗出發來確立實體的存在，而是要透過概念的推演，繼而從抽象的原則、公理出發來確立實體的存在。

笛卡兒認為，外部事物的存在是可能的，因為既然上帝能創造一切邏輯上可能的事物，那麼祂怎麼不能創造物質呢？所以外部事物的存在完全是有可能的。一般來講，從我們自己的認識能力上來講，我們的領會能力和想像能力是有區別的。領會是自身的一種純粹的能力，是以內心的觀念為領會對象的，例如我們能從內心領會到上帝的存在。但是，想像只是一種附著於客觀物質的影響，是一種回憶，一種心理能力。這也就是說，如果「我」知道「我」僅僅是一種精神的東西，是一種具有理智、意志、感覺、想像等認識能力的精神性的東西。那麼，如果我們不假設在「我」自身之外存在外部事物的話，我們的想像力是怎麼存在的呢？那麼我們的想像力存在的意義又是什麼呢？但事實上，我們的想像能力是存在的，因此，在我們之外，肯定存在外部事物，即：外部事物的存在是肯定的。可見，笛卡兒在證明外部事物的存在時，基本上是從尋找外部事物在我們心中形成觀念的原因入手的。事實上也正是如此，只有從外部事物在我們心中形成觀念的原因中才能找到它存在的依據，才能真正從它的本源上證明它的存在。

正如上面我們所說的一樣，笛卡兒在這裡所使用的方法正是在證明上帝的存在時所使用過的「原因的實在性必須大於或者等於結果的實在性」這個原則來進行的。在此基礎上，笛卡兒運用排除的方法證明了外部事物的存在。笛卡兒認為，首先，外部事物的觀念肯定不可能是由我們自己產生，因為我們根本沒有產生這種觀念的能力；外部事物的觀念也不可能是我們虛構的，這一點在前面已經論述過。那麼，外部事物，我們能明確、分明地理解到的外部事物究竟是怎麼來的呢？笛卡兒認為，外部事物一定是有某種不同於我的實體所產生的。當然，外部事物的觀念也不可能是由上帝或者除事物之外的某種外部實體所產生的。為什麼這麼說呢？我們可以想像一下，我們事先已經知道，上帝已經給過我們一種使我們相信這些觀念是由外部對象產生的自然傾向。既然這樣，上帝就不可能直接或透過其他東西的某種創造物來間接地把某種事物的觀念送給我們，並且讓我們相信這些觀念是來自物質事物本身的。如果真的這樣的話，上帝就像我們還沒有證明過它的存在的時候，肯定是個騙子。但是，我們已經證明過它的存在，上帝不是騙子。那麼，上帝和我們所假想的那種不同於物質事物的某種更高貴的造物主，就不可能是我們心中形成外部事物的觀念的原因。

那麼，真正涉及外部事物存在的問題也就來了，既然上帝和我們所假想的那種不同於物質事物的某種更高貴的造物主都不可能是我們心中形成外部事物的觀念的原因，那麼，外部事物究竟是怎麼形成的（它們畢竟是存在的）？它們又是怎麼存在的？為此，笛卡兒得出一個結論，我們關於外部事物的觀念必定是由外部事物自身所形成的，從這點看來，外部事物也必定存在。

# 第七章　靈魂與肉體

二元論是笛卡兒第一哲學的重點內容，也被認為是西方近代哲學的起點。笛卡兒利用二元論把物質的世界和精神的世界直接地對立起來，認為物質和精神、靈魂和肉體是兩種絕然不同的實體。但是在無奈之下，笛卡兒又不得不承認，靈魂與肉體也是互相統一、互相作用的一對實體。

# 二元論

二元論是笛卡兒第一哲學的重點內容，也被認為是西方近代哲學的起點。笛卡兒的二元論主要表現在兩個層面。一是實體的層面，實體的層面即心靈實體與物質實體（身體）的對立；二是性質或屬性的層面，性質或屬性的層面即心靈的屬性──「思」與物質的屬性──「廣延」的對立。在笛卡兒看來，論證「靈魂與肉體」的二元論才是它的心靈哲學的主要目的。事實也正是如此，笛卡兒花費了大量的時間來論證靈魂與肉體之間的絕對區別。既然靈魂與肉體是絕對對立的，互相區別的，那麼它們又是怎樣結合在一起構成完美的「人」的呢？笛卡兒認為，「如同對心靈與物質實體的說明依賴於對它們各自屬性的說明一樣，對心身結合的說明，也依賴於對兩種屬性之結合的說明」。但是不管怎樣，靈魂與肉體不能分別存在。

二元論是笛卡兒第一哲學的重點內容，也被認為是西方近代哲學的起點。笛卡兒利用二元論把物質的世界和精神的世界直接地對立起來，認為物質和精神是兩種絕然不同的實體。笛卡兒的二元論所論述的物質和精神對立的觀點，實際上就是在論述思維和存在的關係問題。而西方近代哲學的起點就是從研究思維和存在的關係問題著手的，因此，笛卡兒的二元論長期以來被認為是西方近代哲學的發端。相應地，笛卡兒也因此被認為是西方近代哲學的創始人。

笛卡兒的二元論主要表現在兩個層面。一是實體的層面，實體的層面即心靈實體與物質實體（身體）的對立；二是性質或屬性的層面，性質或屬性的層面即心靈的屬性「思」與物質的屬性「廣延」的對立。笛卡兒認為，無論從哪一個角度看，對立的各方都不能還原為另一方。這基本上就是笛卡兒二元論的內容。具體來講，二元論認為，「心靈實體」與「物質實體」或者是「靈魂實體」與「肉體實體」、「思」與「廣延」是絕對不相同的東西，各自都不能成為對方的根據和解釋。當然，這兩個層面在笛卡兒心靈哲學中的地位是不一樣的。我們已經知道，實體的存在是從屬性推出來的，除了它們的屬性外，我們對實體一無所知，所以「實體—實體」的二元論完全依賴於「屬性—屬性」的二元論，依賴於後者的性質和說明。於是，在笛卡兒那裡，「實體—實體」的二元論只有存在象徵的意義，沒有實質敘事的意義；或者說，它只是一個二元維度的符號，而它的實質內涵是以「屬性—屬性」的二元論體現的。

那麼，笛卡兒的二元論是建立在什麼樣的理論基礎之上的呢？這就涉及二元論的證明問題。實際上，在笛卡兒看來，論證「靈魂與肉體」的二元論才是它的心靈哲學的主要目的。事實上也正是如此，笛卡兒花費了大量的時間來論證靈魂與肉體之間的絕對區別。在證明靈魂與肉體之間的絕對區別的時候，笛卡兒依靠的是「思」和「廣延」之間絕對的不可還原性。例如他說，「只要能清楚、明白地理解一物而無需涉及另一物，就足以確定該物與另一物是不同的」。笛卡兒把這個原則當成他論證二元論的基本標準和原則。有人將這個原則稱為「差別性法則」。在這個原則中，笛卡兒認為，「既然我們能不借身體的概念而理解心靈是一個能思維而沒有廣延的東西，也能不借心靈的概念而理解身體是一個廣延而不能思維的東西，而且這種理解是「清楚、明白」的，那麼就可以充分證明，心靈與身體是完全有別的兩種東西，任何一個都可以不依賴另一個而存在」。在此基礎上，笛卡兒還認為，「靈魂不隨身體的毀滅（特定物質結構的瓦解）而消失，因而有靈魂不滅的結論。」

當然，雖然笛卡兒是將「差別性法則」當作他論證「靈魂與肉體」之間是有絕對區別的基本原則，但是由於「差別性法則」本身就是非常含糊的，並且沒有邏輯的嚴密性，所以他的論證過程也存在很大的不嚴密性。例如：「只要能清楚、明白地理解一物而無需涉及另一物，就足以確定該物與另一物是不同的」。這其中的「清楚」、「明白」的標準並不明確，到底什麼樣的理解才算真正的「明白」和「清楚」？笛卡兒並沒有講得十分明確。再如，這其中講的「清楚、明白地理解」是基於什麼層面的理解？是基於現象層面的理解還是基於本質層面的理解？試想一下，如果這裡所講的理解是基於現象層面的理解，那麼我們怎麼能將這樣的理解當做根本差別的依據呢？還有，所謂的「差別性原則」所講的差別性的範圍有多大？是局部的還是全體的？如果是局部的，全局性的有效性從哪裡來保證呢？當然，笛卡兒的注意力顯然並沒有放在這裡，笛卡兒把上帝當作「差別性原則」的靠山，認為對於有上述差別的事物，完全可以依靠上帝的全能將它們分割開來。在此基礎上，笛卡兒對「靈魂與肉體之間存在絕對差別」的觀點進行了詳細的論證。

是的，也許「靈魂和肉體」完全是可以割裂開來的。但是隨著這個觀點的證明，另一個問題就來了。既然靈魂和肉體之間是存在絕對區別的，是絕對沒有任何關係的，是絕對對立的，那麼，我們怎麼來理解活生生的、既有思想又有身體的人？總之，人是既有靈魂又有肉體的，如果靈魂和肉體是絕對對立的，靈魂和肉體是怎麼在人身上得以結合得如此完美的呢？如果它們之間真的像笛卡兒所說的那樣是絕對對立的，那麼它們中間到底是誰代表了人的本質？對此，笛卡兒也給出了詳細的答案。笛卡兒認為，靈魂和肉體雖然是相互對立的，是絕對的兩種東西，但是它們發揮作用的時候往往又是相互連結在一起的，是結合在一起的。只有靈魂和肉體的完美結合才能形成一個完整的人。

所以說，我們在提到「人」這個概念的時候，即是指「人」的肉體，又是指「人」的思想或者靈魂。至於靈魂和肉體誰才能真正代表人的本質，笛卡兒認為，只有靈魂才能真正代表「人」的本質。這可以從「我思，故我在」這個哲學命題中看出。只有「一個思想的我的存在」是絕對不可以懷疑的，因此，「一個有靈魂的我」才是真理，才是最重要的，才是真實的、確實的，才是不可懷疑的東西。因此，「靈魂」代表著一個人的本質。相對於能代表一個「人」

的本質的「靈魂」，身體或者肉體就像是和其他物體一樣，只不過是具有某種形狀的物體，它不能思想，當然不能稱為「人」的本質，它只有與靈魂結合在一起，充當靈魂的居所或者工具。

可是笛卡兒又不能忍受這種割裂，於是他保留了傳統哲學中心物結合的說法，架起了一座從此岸到彼岸的無形橋梁，別出心裁地在文章中應用「混合」一詞來說明身心交感的問題。不過仔細研究笛卡兒的「身體」，不難發現它是一件強加給靈魂的東西，實在和靈魂格格不入。肉體與靈魂連在一起，完全違反了它們的本性。因為按笛卡兒的說法，靈魂單獨存在時已是一個完全的實體，如果這樣的話，則肉體對它而言，只是一個附體或偶有之物。然而，按亞里斯多德及阿奎納的傳統說法，身體之所以能成為一個實在的人，是因為它具有靈魂，而靈魂之所以成為這個人的靈魂，而不是別人的靈魂，是因為他有肉體之故。這就是說，靈魂使身體成為事實，而身體使靈魂成為確定的一個人。

因此，當笛卡兒的研究到這一步的時候，他遇到了一個非常棘手的問題。既然靈魂與肉體是絕對對立的，互相區別的。那麼它們又是怎樣結合在一起構成完美的「人」的呢?再者，靈魂與肉體既然結合在一起構成了完整的「人」，那麼它們之間就肯定有著某種關係，那麼，它們的關係又是怎樣的呢?對此，笛卡兒認為，「如同對心靈與物質實體的說明依賴於對它們各自屬性的說明一樣，對心身結合的說明，也依賴於對兩種屬性之結合的說明。」但是不管怎樣，靈魂與肉體不能分別存在。這與笛卡兒的靈魂本身是一個單獨完備的實體相差甚遠。那麼笛卡兒又是怎樣來證明的呢?

笛卡兒認為，靈魂的屬性「思」由各種不同的意識活動組成。這些意識活動中，有些是純粹理智的活動，它們與身體或者外部事物沒有任何關係，只是純粹的心智活動，笛卡兒舉例說，我們關於數學或者幾何公理的思維活動就是如此：即使我們的身體不存在，即使世界上並沒有任何具體的三角形，但是關於三角形的一系列性質和相關的推理卻是依然存在的，並且它們的真實性不會引起任何人的懷疑。與純粹的理智活動相反，還有一些意識活動是必須透過與身體相協調才能發生並產生實際意義的，例如人的感覺、意志和情感活動就是如此。人的感覺必須透過肉體感官才能呈現出來，人的意志必須透過對身體活動的支配才能實現，人的情感必須在肉體上得到表現並對情感對象作出反應。而身體的各種活動和作用無非是物質「廣延」屬性的不同樣態和表現。

在此基礎上，笛卡兒進一步論證，「我們關於心身結合的觀念正是從『思』和『廣延』兩種屬性的『結合』或『共同作用』，即人的感覺、意志和情感中推出來的，如同從『思』推出心靈實體，從『廣延』推出物質實體一樣。」因此，在笛卡兒看來，靈魂與肉體的結合既有知識的意義，因為它們是推理的結果；更有本體存在的意義，因為它與心、身實體有同樣的生成譜系。

實際上，這個理論結果是笛卡兒在論述靈魂與肉體的區別時沒有預見到的，所以他當時有了很多絕對的判斷。但是當他致力於證明心、身的二元對立時，他只承認心和身兩種實體是已經發現問題的癥結所在，所以他不得不將心身的結合也當做「實體性的」東西。於是，在他所描繪的心身世界中就形成了心、身、「心身結合」的三重結構。正如他在自己的著作中說，我區分了三類原始觀念或概念，它們每一類都是我們以自己的特定方式知道的，而不是透過與他人觀念或概念的比較知道的。這三類觀念或概念即靈魂的概念、肉體的概念、兩者相結合的概念，專就身體而言，我們只有廣延概念以及由它所承擔的形狀和運動概念；專就靈魂而言，我們只有思想的概念，它包括了理智的概念和意志的傾向；最後，就靈魂與肉體一起而言，我們只有兩者之結合的概念。我們關於靈魂推動身體的能力，身體作用於靈魂及引起感覺和情感的能力，都依賴於這個概念。

## 靈魂

笛卡兒的二元論認為，人是靈魂的人，也是肉體的人，人是靈魂和肉體的統一。一方面，沒有靈魂，只有肉體，不能稱其為人；另一方面，只有肉體，沒有靈魂同樣不能稱其為人。具有靈魂這個屬性的人一旦存在，便無法停止思想。換句話說，有思想，才有人的存在；是思想成就了人的存在。靈魂和肉體密切相連，使彼此相互感應，才構成了完整意義上的人。另外，笛卡兒認為，本質上獨立的靈魂才是能真正代表人的本質的。在笛卡兒看來，靈魂的本質就是思想，所以靈魂無時無刻不是在思想，連睡覺做夢時也不例外。笛卡兒認為，靈魂主要有「覺」和「欲」兩種活動。笛卡兒認為，也許關於靈魂的很多屬性我們是不可以確定的，但是我們絕對可以肯定的一點就是靈魂的命運與肉體沒有任何關係，它不會隨著肉體的死亡而死亡。接著，笛卡兒還具體論述了靈魂獨特的存在方式，進一步證明了「靈魂不死」的觀點。

笛卡兒認為，單就肉體而言，人和動物是沒有任何區別的，如果說和動物有區別的話，那就在於人有靈魂，而動物沒有。也就是說，從肉體存在的角度來看，人和動物一樣，如人的生活和一匹馬或一隻狗的生活差不多，都是單純的生理活動，但從心理的角度來看，人和動物之間是存在很大的差別的——人之所以是人，就在於人有靈魂，而動物之所以只能是動物，就在於牠們沒有靈魂。笛卡兒說，假如人沒有靈魂，便無法透徹地了解人；從本質上講，人是靈魂和肉體的統一體。簡單來講，這就是笛卡兒的二元論。

笛卡兒的二元論認為，人是靈魂的人，也是肉體的人，人是靈魂和肉體的統一。一方面，沒有靈魂，只有肉體，不能稱稱其為人；另一方面，只有肉體，沒有靈魂同樣不能稱其為人。另外，雖然笛卡兒認為，人是靈魂與肉體的統一，但是靈魂的存在是獨立於肉體的。並且，笛卡兒認為，本質上獨立的靈魂才是能真正代表人的本質的。

在笛卡兒看來，靈魂的本質就是思想，所以靈魂無時無刻不是在思想，連睡覺做夢時也不例外。所以說，具有靈魂這個屬性的人一旦存在，便無法停止思想。換句話說，有思想，才有人的存在；是思想成就了人的存在。靈魂和肉體密切相連，使彼此相互感應，才構成了完整意義上的人。當然，靈魂和肉體的關係，不是像柏拉圖所說的那樣：靈魂和肉體的關係，猶如舵手和船隻的關係。相反，靈魂與肉體是兩個獨立的、完整的、彼此全然不同的實體，他們密切地互相結合在一起，形成一個一個的人。

那麼，既然「靈魂和肉體」互相結合在一起才構成了完整意義上的人，那麼，它們必然在某些方面相互作用，相互影響。否則的話，它們的結合便沒有意義了。對此，笛卡兒從生理的角度來作了解釋。笛卡兒認為，人的肉體上有一種特殊的功能即松果體，是溝通靈魂與肉體的橋梁。

笛卡兒認為，靈魂主要有「覺」和「欲」兩種活動。

首先，感覺本身是一種本能，而並不能幫助我們認識事物的本質。但是感覺在我們面對特殊的事情的時候，能幫助我們採取相應的措施，例如：當我們的手碰到火的時候，感覺會立刻告訴我們，我們根據感覺會立刻作出相應的舉措——立刻把手縮回。很顯然，我們在這裡所講的「靈魂的感覺」是由於外界擴展的肉體直接或間接地刺激末梢神經，這些末梢神經聚合成為一種神經管，然後通到松果體的空腔中，末梢神經的刺激被輸送到空腔中時，居於腦中間松果體亦隨之振動。在空腔中的靈魂於是有所感覺，松果體每動一次，靈魂就相應地有一次感覺。

其次，「欲」包括意願和情感。笛卡兒認為，「欲」是由生命精神在靈魂中所激起的感覺，是由情感或衝動所組成的，也就是說，「欲」也是感覺，是肉體內的一些機械的能力。繼而，笛卡兒還對這些機械的能力進行了分類。笛卡兒認為，在所有這些能力或情感中，有六種是基本的——驚奇、愛恨、慾望、快樂和憂愁。從這裡我們可以看出，靈魂的長處在於它能夠克制制情感，以及能夠控制隨情感而來的肉慾衝動；靈魂的弱點在於無法控制情感，任由他們玩弄，出爾反爾，使靈魂走向自我衝突的途徑，最終淪於極為可憐、尷尬的地步。

我們上面已經說過，靈魂的本質是思想，實際上正如笛卡兒所說的那樣，「我肯定，人的靈魂，不管在何處，即使在海底也時常在思想。我這樣的肯定是有道理的，因為我已經證明了它的本性或本質就是思想。就好像物體的本質是『擴展』一樣。人們是否希望獲得比這些更確實、更明顯的證明理由呢？世界上不存在沒有其本質的東西，所以我認為我不應相信有人因為他不記得自己在思想之故就否認自己的靈魂在思想，就好像我不相信有人因為感覺不出來他自己肉體的擴展，而否認他自己的肉體是擴展的一樣。

但是，這並不是說我因此就相信小孩的精神在娘胎時就已作形而上學的沉思。相反，如果你允許我做一個無法證實的猜測，我要說既然我們經驗到我們的精神是如此密切地和我們的肉體結合在一起，甚至於幾乎依賴它，雖然一位成年人和健康者的精神，其行動具有某種自由，能想一些異於感官所提供的事物，但這種自由，在病人和沉睡中的人以及孩童身上就無用武之地了。在一般情形下，年紀越幼小，這種自由就越渺小，所以最合理的說法是，剛剛和嬰兒的肉體相結合的靈魂，它僅有苦痛、冷熱的模糊感覺，和其他一些與身體結合及摻雜而生的觀念。這個時候，他內心的上帝、自我以及自明的真理觀念，並不少於一位不重視它們存在的成年人，因為這些觀念不是因為年歲的增長而獲得的。我不懷疑，一旦靈魂脫離肉體的糾纏，人就會立即發現它們是在自己的身上。」笛卡兒還說：「我相信靈魂之所以常常思想的理由，和我相信光之常常照耀相同，雖然沒有人注意它；這和我相信熱之常常溫暖，雖然沒有人靠它取暖相同；同時也和我相信物體或擴展之實體具有體積一樣。總之，當一物存在時，一切組成該物的本性因素常常同它一起存在。因此，當有人說靈魂停止思想時，對我來說，我寧可說它停止存在，而不說它存在但不思想。靈魂是不能停止思想的，它時時刻刻在思想著，如果不能思想，那麼它就不是靈魂。」

但是，當我們研究到這裡的時候，有的人就會產生疑問：既然靈魂的本質是思想，我們又都是靈魂與肉體的結合體，那麼，「我怎麼就沒有感覺到自己時時刻刻是在思想的呢」？對此，笛卡兒也有相當精到的論述。

笛卡兒認為，之所以我們不能感覺到靈魂時時刻刻在思想，是因為靈魂受到了肉體的影響而分心的緣故。每當靈魂處於一種純精神狀態的時候，它就會在最短的時間內，清晰地抓住一切內存的觀念，這些內存的觀念都是構成它的最基本元素。之所以這些觀念並不是每時每刻都十分清楚，是因為靈魂與肉體結合以後，靈魂的注意力從內在的觀念轉移到了它的外在的基本形式，諸如疼痛、飢餓、口渴、快樂、悲哀等。

關於靈魂會不會死的問題，笛卡兒也有詳細的論述。

笛卡兒認為，也許關於靈魂的很多屬性我們是不可以確定的，但是我們絕對可以肯定的一點就是靈魂的命運與肉體沒有任何關係，它不會隨著肉體的死亡而死亡。笛卡兒說，肉體是由不同的部分排列組織而成的，因此，肉體是可以分割的，即組成肉體的各個部分是可以分離的，並且肉體會隨著它的形態的變化或者滅亡而滅亡。但是，與肉體相反，靈魂既沒有部分，也沒有確定的形體，它是不可以被分割的，所以它不能像肉體那樣發生形態上的任何變化，或者是滅亡。正如笛卡兒所說，「自然的知識告訴我們，心物是有分別的，心是一實體。人的身體之所以異於其他物體，就於它是由某種形態的肢體與其他類似的偶有物所組成。最後，身體的死亡，也只是由於形態的分離或改變。」也就是說，靈魂是不死不滅的。

那麼，靈魂在肉體死後又是怎麼繼續存在下去的呢？

笛卡兒認為，靈魂是一個實體，它會在肉體死亡後繼續存在，不會滅亡。笛卡兒在這裡所講的繼續存在，是指作為單純的實體，沒有部分可言的實體，它的繼續存在可以有一些彼此不相連的瞬息時間所組成。笛卡兒認為，組成時間的分秒是彼此獨立的，前一瞬時間的存在本身無法保證下一瞬時間的存在，也無法限定它的存在。但是笛卡兒說，「時間的性質或我們壽命的性質，既然有這種性質，前一部分無法保證後一部分，後一部分不能依賴前一部分，彼此相互獨立，無法一起存在，則我們現在的存在未必能保證下一時刻的存在；除非有一原因即產生我們的同一個原因，繼續產生我們，保證我們。」從這裡可以看出，笛卡兒認為，靈魂不能一瞬一息繼續存在，除非依靠產生它的同一原因，繼續產生它。這樣看來，靈魂的下一瞬間的存在不是由前一瞬間的存在而來，下一瞬間是被接到上一瞬間去的。正因為靈魂是一實體的緣故，所以它能永恆存在。這就是靈魂不死的全部理由。

但是，深究起來，笛卡兒關於靈魂不死的觀點是有破綻的，至少從哲學觀點上看是這樣的。例如：根本沒有任何證據能使我們相信靈魂不繼續存在，但是這並不是能證明靈魂繼續存在的理由；況且，這根本無法證明，它必須繼續存在。

既然時間不是自然連續的，前一瞬間不能保證後一瞬間。那麼，為了肯定或否定此時間的延續，必須先知道一切事物的最後情形。但是，我們並沒有能力知道這些「知識」。假如我們能知道一切事物的最終結果，這也是上帝賦予我們的能力。當然，如果上帝真的這樣啟示我們靈魂不會同身體一般停止存在，如果真的是這樣，我們當然深信不疑。但是，這只是信仰的問題，而不是從哲學本身的角度來相信這一切的。如果我們研究了這麼長時間，還要回到信仰的層面來解決問題，那麼，哲學研究就沒有任何意義了。

## 靈魂與肉體的區別

笛卡兒二元論把靈魂和肉體第一次尖銳對立起來。笛卡兒所說的靈魂是指獨立的純精神體，和肉體是根本不同的兩回事。例如：笛卡兒說，當「我」在懷疑我的肉體是否存在時，「我的精神」之存在是無可懷疑的。笛卡兒認為，如果不能很清楚地把靈魂和肉體區別開來，我們就不能很好地認識「靈魂和肉體」、「物質和精神」；有一種傳統觀念認為，「物質能夠思維」，笛卡兒認為要從根本意義上反駁這種觀點，我們就必須對靈魂和物質進行明顯的區分；笛卡兒的第一哲學就是要證明上帝的存在和靈魂不死，如果不能把靈魂從它與物質或者肉體的混沌關係中解放出來，笛卡兒的第一哲學就無法展開。基於這三點，笛卡兒認為必須把靈魂和肉體區分開來。緊接著，笛卡兒又分別從懷疑的角度、從本體的角度、從三認識論的角度證明了靈魂和肉體之間的區別。總而言之，笛卡兒認為靈魂與肉體，一個在彼岸，一個在此岸，中間似乎隔著一道鴻溝。

笛卡兒二元論把靈魂和肉體第一次尖銳地對立起來。笛卡兒所說的靈魂是指獨立的純精神體，和肉體是根本不同的兩回事。如笛卡兒說，「當『我』在懷疑我的肉體是否存在時，『我的精神』之存在是無可懷疑的。」當然，這並不表明笛卡兒認為靈魂是獨立於肉體而單獨存在，只是要說明：靈魂是不依賴於肉體而存在的。例如：笛卡兒又說，「沒有肉體，靈魂不能自然地存在。」實際上，正如笛卡兒所說：「我領悟到靈魂和肉體有很大的分別，就肉體的本性來說，它常常是可以分割的，而靈魂絕對不能分割。的確，當我觀察心靈或『我』時，由於『我』只是思想之物而已，我不能在『我之內』有部分的分割，我領悟到『我』根本是單一的整體。雖然『我』和肉體互相結合，但是我的肉體被削去一足或一臂或任何其他的部分，我不知道我的心靈會有什麼損失。……這件事實，已足夠證明靈魂和肉體是完全不相同的。」也就是說，當我們還不知道肉體是否存在時，我們已確知精神存在，並且還擁有靈魂的觀念，這不但說明靈魂與肉體是互相獨立的，而且還是彼此對立的。總而言之，笛卡兒認為靈魂與肉體，一個在彼岸，一個在此岸，中間似乎隔著一道鴻溝。

那麼，笛卡兒為什麼把靈魂和肉體，精神和肉體區分開呢？一般來講，笛卡兒之所以將靈魂和肉體、精神和物質區分得這麼明顯，主要有以下幾方面的原因：

首先，如果不能很清楚地把靈魂和肉體區別開來，我們就不能很好地認識靈魂和肉體，物質和精神。笛卡兒在《哲學原理》中說，「自從幼年時期，我就把精神和肉體領會為一個東西，進而把許多東西合成為一個，把他們當成一個東西，這基本上是所有不完滿的認識都應該有的弊病。這就是我為什麼會不厭其煩地把它們分開，並且透過更確實的檢查，把它們更確切地分開的原因。」

在這裡，笛卡兒認為，我們在幼年時代，由於過分沉湎於自我的感覺，曾一度把主觀的感受和客觀的存在當成一模一樣的物體加以接受，因此難免會在腦子裡面形成很多錯誤的判斷。相應地，我們在理解純粹理智的東西時，也總是把它們當成物質性的東西來加以領會。這樣就使我們對精神和物質有一個混淆的認識。為了祛除這些在我們腦子裡由來已久的偏見或者錯誤，我們有必要對理智和物質，靈魂和肉體有一個更加清楚的認識，而要對它們有一個更加清楚的認識，我們就不能重蹈覆轍，首要任務就是要把它們區別開來，只有這樣我們才不會再犯兒時的錯誤，才能對它們有一個正確的認識和理解。

例如：笛卡兒又說，「全部人類知識不是別的，就在於把這些概念區別開來，然後把其中的每一種正確地歸於它們用於的事物，因為當我們用一個不適合的概念來解釋一個難題時，我們不可能不犯錯誤。相應地，如果我們用一種原始概念去解釋另一種原始概念時，我們也難免不犯錯誤。因為他們都是原始的，它們的每一個只能根據它們自身來理解，而不是靠其他的概念來解釋。」在這裡，笛卡兒所講的原始概念就是指那些本源的概念，能派生新知識的概念。笛卡兒的這句話我們可以這樣理解，如果我們不能把肉體和精神明顯地區別開來，我們就會拿著物質的概念去解釋精神，從而把精神和物質混淆在一起，從而在我們的腦子裡形成偏見，形成錯誤。這是我們形成錯誤的最根本的原因。

其次，有一種傳統觀念認為，「物質能夠思維」，笛卡兒認為要從根本意義上反駁這種觀點，我們就必須對靈魂和物質進行明顯的區分。有人認為，物質是能夠思維的，思維也是物質的一種特性。笛卡兒認為這種觀點非常荒謬。他認為，思維不僅與肉體毫無關係，而且是一種獨立於肉體的活動。笛卡兒說，「我從來就沒有看見過，也沒有了解過人的肉體能夠思維，而且看到並且了解到同一的人們，他們既有思維，同時又有肉體，而且我認識到這是由於思維的實體和物質性的實體組合到一起所造成的。因為單獨考慮思維的實體時，我一點都沒有看到它能夠屬於物體，而在物體的本性裡，當我單獨考慮它的時候，我一點也沒有找到它的任何東西是屬於思維的。」當然，笛卡兒反對「物體能夠思維」並不是對物質和靈魂的統一的絕對否定。相反，笛卡兒認為，物質和思想是緊密地連結在一起的兩個概念。但是承認「物質和精神是結合在一起的」並不能立即把它們等同起來，認為「物質就是思想」或者「物質能夠思想」。所以還是應該把物質和思想分開來看，人們認為「物質和思想是等同的」或者「物質能夠思想」的概念都是錯誤的。

最後，笛卡兒的第一哲學就是要證明上帝的存在和靈魂不死，如果不能把靈魂從它與物質或者肉體的混沌關係中解放出來，笛卡兒的第一哲學就無法展開。笛卡兒說，「由於我們知道現在對於屬於精神的東西沒有任何觀念，不是非常模糊，就是把它們和可感覺的東西混雜在一起，並且由於這是人們之所以沒有能夠足夠清楚地理解關於上帝和靈魂所說的任何東西的首要原因——為了更好地理解非物質的或者形而上的東西，就必須把感官從感覺中解放出來。」總之，笛卡兒認為，把上帝和靈魂與感官的東西混雜在一起是無法認識它們的。所以，只有把精神從物質中解放出來，才能把靈魂和肉體區別開來。

透過上面這幾點的論述，我們已經大致弄明白笛卡兒將靈魂和肉體區分開的真正原因，但是，笛卡兒又是怎樣來證明靈魂與肉體是確定不同的呢？

針對這個問題，笛卡兒在其著作《第一哲學沉思錄》中有過詳細地證明。具體來講，笛卡兒是從以下幾個角度來證明靈魂與肉體的區別的：

## 從懷疑的角度證明靈魂與肉體的區別

首先，物質的存在是可以懷疑的；靈魂和精神的存在是不可以懷疑的。從「我思，故我在」這個命題來看，物質世界和精神、靈魂之間有一種必然的連結。一方面，必須有「我」的存在，「我」才能思想，假如「我」一邊在懷疑，一邊又不存在，這之間是相互矛盾的（笛卡兒在這裡所說的「我」是一個思想著的「我」，一個靈魂的「我」）。另一方面，除「我」的存在之外的事物（即物質世界），它們的懷疑是不確定的，是可以懷疑的。「物質的存在是可以懷疑的；靈魂和精神的存在是不可以懷疑的。」這一點是靈魂和肉體，物質和精神之間的最基本的也是最大的區別，是第一區別。

其次，笛卡兒的命題「我思，故我在」中的「我」是一個思想者的實體，也就是說，「我」一面是思想著的，另一面又是我思想的結果。假如「我」沒有思想，就沒有「我」。或者說，「我」的全部本質或者本性就在於「我在思想」；我在思想與我的存在之間是密切的因果關係。例如笛卡兒說，「我可以想像我沒有形體，沒有身體，但是我不敢想像我沒有思想，因為我沒有思想，我將不能存在，我也不能夠思想」。可見，在笛卡兒看來，身體和「我」是可以分開的，而「靈魂」、「思想」與「我」是不可分的。也即：「我思，故我在」中的「我」不依賴於任何物質性的東西而存在，它存在的唯一的原因就是思想。從懷疑的角度看，這是靈魂與肉體之間的第二區別。

最後，對靈魂和對物體的認識方式或者過程是有區別的。對靈魂的認識是直接的，是「我」的自我意識對靈魂的知覺，不需要經過任何仲介；對物體的認識是間接的，是不能僅僅靠感覺來認識物體的。笛卡兒說：「蠟在不同的情況下會呈現不同的狀態，但是不管呈現出什麼樣的狀態，蠟仍然還是那塊蠟。因此，對於物體的認識，不應該僅僅訴諸於感官體驗，而應該藉助於理智來進一步認識事物的本質。」所以說，對事物的認識不是直接的，而是間接的。總之，對事物和對靈魂的認識方式是不同的。這也是事物和靈魂的最大的區別之一。當然，笛卡兒承認，對每一種事物的認識本身實際上都是思想，都是對思想的一種認識。也正是因為這樣，我們才可以更加肯定地說，對靈魂的認識比對事物本性的認識更加直接；或者說對事物的認識和對靈魂的認識方式或者認識過程是不一樣的。

## 從本體的角度證明靈魂與肉體的區別

笛卡兒不僅從懷疑的角度證明靈魂和肉體是有區別的，而且還分別從靈魂和肉體本身來證明它們之間是有區別的。也即，笛卡兒認為靈魂和肉體從本性上來講是屬於不同類型的。這就是所謂的「從本體的角度證明靈魂與肉體的區別」。具體來講可以從以下幾個方面分析這個內容：

首先，從靈魂和肉體本身的角度來看，它們是完全不同甚至是互相對立的。笛卡兒認為，靈魂和肉體是兩個互不相干的實體，它們的屬性和樣式都是絕對不同的。不僅從屬性的角度來看它們是不同的（精神的屬性是思維，物體的屬性是廣延），而且從樣式和行為的角度來看它們也是絕對不同的。例如笛卡兒說，「在肉體的概念裡面不包含任何屬於精神上的東西；反過來，在精神的概念裡面也不包含任何屬於肉體的東西，」、「一些我們稱之為物體性的行為，如大小、形狀、運動以及一些其他凡是可以被我們領會為不占有任何空間的東西，我們把寓於這些行為中的實體稱為物體；相對地，有一些其他的行為，我們稱之為理智的，如理解、意願、想像或者感覺等等，所有這些，在它們不能不有思維或者知覺，或者領會和認識這一點都是共同的；它們寓於其中的實體，我們把它叫做在思維的東西，或者精神。」笛卡兒在這些內容中表述得非常清楚，在他看來，理智性的行為和物體性的行為之間是有著巨大的差別的，或者說，它們的屬性思維和廣延沒有任何關係。所以，靈魂和肉體從本身作為實體的角度來看也是不同的。

其次，靈魂和肉體都可以脫離對方而單獨存在。笛卡兒說，「精神可以不依靠大腦而行為，因為，毫無疑問，當問題在於做一種純智力活動時，大腦一點用處也沒有，只有在感覺或者想像的過程中，它才有用處。」可見，在笛卡兒看來，精神和肉體並不依賴對方的存在而存在，也就是說，精神可以脫離大腦的存在而存在，大腦也可以不用思考而存在。一方面，大腦是一個純物質性的器官，而精神活動或者純智力活動是純智力的，物質性的大腦和純智力的活動沒有任何關係。另一方面，物質性的大腦的物質性的活動和純智力的活動也沒有任何關係，大腦的物質性活動（如大腦中的血液循環）並不依賴於精神的活動而活動。

再次，肉體是可分的，靈魂是不可分的。笛卡兒說，「肉體永遠是可分的，而精神永遠是不可分的。」在笛卡兒看來，凡是物質性的東西，有廣延的東西，哪怕是從來沒有遇見過的最渺小的東西，它也是可以再分的。但是，靈魂，我們所理解的靈魂，假如一個再偉大的靈魂，我們也不能理解它是可以分成幾半或者幾份。正如笛卡兒說，「我在精神裡分不出什麼部分來，我把我自己領會為一個單一的、完整的東西，而且儘管整個精神和整個肉體結合在一起，可是當一隻腳或者一隻手臂或別的什麼部分從我的肉體截去的時候，肯定從我的精神上並沒有截去什麼東西。願望、感覺、領會等功能真正說來也不能是精神的一些部分，因為精神是全部從事於願望、感覺、領會等功能。」

最後，肉體是可以滅亡的，而精神或者靈魂是不朽的。笛卡兒認為，「在一般意義下，物體是一種實體，因此它也是不死亡的，但是人的肉體就其有別於其他物體這一點來說，它不過是由一些形狀改變和其他類似的一些偶性組合而成的，——僅僅由於它的某些部分的形狀改變，它就不再是同一的肉體了。」透過這個論述，笛卡兒告訴我們，一切上帝創造的實體，從本質上講是不可滅的，除了上帝消滅它。但是，肉體是很容易滅亡的，只要身體的某一部分發生改變，它也就不再是原來的肉體了。但是與此相反的靈魂並不如此，靈魂是一個單一的實體，不是像肉體一樣是由一些偶性的組合而成的。因此，靈魂是不朽的，是不會死亡的。例如：笛卡兒說，「人的精神或者靈魂，從按期能夠被自然哲學所認識的程度來講，是不死的。」

## 從認識論的角度證明靈魂與肉體的區別

關於從認識論角度來證明「靈魂與肉體的區別」，笛卡兒有一段著名的論述。笛卡兒說，實際上我們都知道，凡是我們能清楚分明地領會到的東西，上帝都能在第一時間內讀懂我們的「領會」，然後創造出我們本身所能領會到的東西。所以說，對於我們來講，如果我們要確定一個東西和另一個東西不同，我們只要能夠做到把一個東西和另一個東西清楚分明地區別開來就完全可以了，因為它們本身就是可以分開放置的，至少全能的上帝能把它們分開放置。而深究到底是什麼樣的力量把它們分開的，這就沒有任何必要了。

我們只要能意識到它們是可以分開的就足夠了。也就是說，從我們可以清楚分明地領會到自己的存在，並且能同時領會到自己除了是一個純粹思維的存在體之外，沒有任何別的東西是能和我們的本性或者本質連結在一起的，我們就可以得出這樣的結論：「我」的本質實際上就在於「我」是一個純粹思維的實體，即使很可能存在一個同時和「我」這個純粹思維的實體關係密切的肉體，但是這個肉體本身不影響「我思維」的這個實質。這也就是說，「我」一方面有一個清楚分明的「我」自己存在的觀念，另一方面，我又有一個與「我思維」這一存在緊密連結在一起的肉體。從這裡可以看出，「我思維」的「我」和肉身的「我」是有區別的，「思維」的我可以脫離肉體而單獨存在。

這就是笛卡兒根據認識本身發展的先後順序，對「靈魂和肉體」或者「精神和物質」之間的區別的證明。

另外，對這個證明過程，笛卡兒還從幾何學的角度作了證明：

1、我們所能清楚分明地領會到的東西很可能是上帝按照我們所領會到的那樣創造出來的；

2、我能清楚分明地領會到一個不帶有肉體的精神的實體；

3、我能清楚分明地領會到一個不帶有精神的廣延的肉體——我能把「不帶有肉體的精神的實體」和「不帶有精神的廣延的肉體」區分開來；

4、精神和物質，靈魂和肉體既然可以區別開來理解，那麼它們是有區別的。

從認識論證明靈魂和肉體之間的區別在哲學史上占有相當重要的地位。人們之所以把笛卡兒的「從認識論證明上帝存在」的觀點看得很重，是因為笛卡兒在這裡才真正意義上證明了上帝的存在。而在這以前，笛卡兒只是從事物的本質上進行分析，認為靈魂和肉體很可能存在區別或者確實是不同的，並沒有從實質上講明靈魂和肉體的區別。而在這裡，笛卡兒在真正意義上證明，靈魂和肉體，精神和物質是真正地、絕對地實實在在有區別的。這體現了笛卡兒從簡單到複雜，從抽象到具體的論證方法。

# 靈魂與肉體統一

笛卡兒在論述「靈魂與肉體的區別」時，把靈魂與肉體完全對立起來，認為靈魂與肉體是互不相同的兩個實體。當然，這也是笛卡兒第一哲學的本來目的，笛卡兒為了這個目的作了很多極端的論述。但是，笛卡兒在漫漫的研究過程中發現，靈魂與肉體不能絕對的對立。於是，笛卡兒又從多個角度證明了「靈魂和肉體是相互統一的」這個觀點。笛卡兒認為，靈魂和肉體雖然是區別的，但也是統一的：感覺就是靈魂和肉體相互統一的最好的證明，例如疼痛、飢餓、乾渴以及其他的感覺都是靈魂和肉體結合的最好的明證；靈魂和肉體是全面地結合在一起的，不可分割的，它們結合的方式如同重力和物體的結合方式一樣；靈魂與肉體雖然是全面地結合在一起的，但是精神主要處於肉體的大腦之中，並且只是處於大腦之中的一個松果體之中。

笛卡兒在論述「靈魂與肉體的區別」時，把靈魂與肉體完全對立起來，認為靈魂與肉體是互不相同的兩個實體。當然，這也是笛卡兒第一哲學的本來目的，笛卡兒為了這個目的作了很多極端的論述。但是，笛卡兒在漫漫的研究過程中發現，靈魂與肉體不能絕對的對立。如果真的像論述的那樣，靈魂與肉體是絕對對立的，那麼它們又是如何統一在一起的呢？畢竟，我們理解中的「人」既是有靈魂的也是有肉體的。這一點不可否認。那麼，這一點如何解釋呢？笛卡兒在無奈之下不得不承認，靈魂與肉體既是區別的又是統一的觀念。當然，由於自己在論述靈魂與肉體的區別上所作的判斷有點極端，直接導致笛卡兒在證明「靈魂與肉體的統一」的問題上有了很大的困難。

下面我們先看笛卡兒是怎樣表述他的「靈魂與肉體統一」的：

首先，笛卡兒在他的「自然的概念」中表述了他「靈魂與肉體的統一」的思想。按照笛卡兒的自然觀念，自然一般來講是指上帝安排的一切秩序。從另一個角度講，自然就是上帝所賦予我的一切東西，包括靈魂和肉體，在這裡，自然就是我個人的自然。自然都是上帝安排的，當然，自然的一切東西都是真的。這就是說，自然告訴我，我有一個肉體，「當我感覺到痛苦的時候，它就不舒服，當我感覺到餓或者渴的時候，它就需要吃或者喝。」這也就是說，只要身體受到傷害，我（靈魂）立刻就會感覺到疼痛。而渴或者餓或者其他更多的感覺，本身又都是靈魂與肉體的結合所產生的結果，可見，靈魂與肉體是渾然一體的。

那麼，身體和靈魂又是怎樣結合在一起的呢？笛卡兒說，「雖然精神結合全部肉體，但這並不是說它會伸展到全部肉體上去，因為廣延並不是精神的特性，它的特性僅僅是思維——雖然精神有推動肉體的力量和性能，但是畢竟不是屬於肉體一類的，它不是物質性質的東西。」實際上，我們可以先不管，笛卡兒是怎樣論述精神和肉體是如何結合在一起的。總之，笛卡兒在這裡承認靈魂與肉體並不是絕對能區別開的，也是統一在一起的。

其次，笛卡兒在他的「重力比喻」的理論中重申了他的「靈魂與肉體的統一」的思想。笛卡兒的「重力比喻」的理論是這樣的：我們應該把重力、熱等物體看作是實體，因為它們的性質和我們通常所理解的物體存在的性質是有所區別的。笛卡兒舉例說，「就像一件衣服，從它本身上看，它是一個實體，雖然把它連結到穿衣服的人時，它可以是一個性質。」但是，我們都知道，物體的重力的最大特點就是它能夠不藉助機械的方式引起物體的運動，從這個角度看，物體的重力不同於物體本身，而只是物體的一種「實在的性質」。

更巧妙的是物體的重力與物體的結合方式。物體的重力是以一種特殊的方式和物體結合在一起的，「與物體有同等範圍，布滿全部有重量的物體。」笛卡兒以此為突破口認為，物體的重力這個獨特的特性可以形象地說明靈魂與肉體的統一關係。一方面，靈魂或者精神可以像物體的重力以一種非機械的方式作用於物體那樣，以一種非機械的方式作用於肉體或者物質。另一方面，即使精神和肉體是有區別的，但是精神可以與肉體具有同等的範圍。正如重力雖然不同於物質卻可以與物體緊密地結合在一起一樣，靈魂或者精神也可以以這種獨特的方式與肉體或者物質結合在一起。在這裡，笛卡兒實際上也承認靈魂與肉體是統一在一起的。

再次，笛卡兒在《哲學原理》中也表述了「靈魂與肉體相統一」的學說。笛卡兒在《哲學原理》中有過這樣的一段論述：

「我們必須注意到，我們的靈魂雖然和全身結合著，可它只是在大腦裡發揮它的主要功能；正是在腦部，它不但進行理解、想像，而且還進行感覺。感覺以神經末梢為媒介，就像一張精緻的網一樣，從大腦一直延伸到全身的各個部分，這些部分和神經結合得如此緊密，只要我們接觸到任何部分，總要刺激那裡的某些神經末梢，透過這條神經，這個運動一直通到大腦，那就是『共同感官』的所在地——各運動神經末梢直通大腦，我們的靈魂和大腦緊密地連接著和統一著，並根據運動中的多樣性而使大腦有各種各樣的思想。最後，我認為靈魂的這些各種各樣的思想，直接來源於透過神經末梢在大腦中所引起的那些運動，這些思想我們確切地把它們叫做『我們的感覺』，或更恰當一些把它們叫做『我們的感官知覺』。」我們很明顯地從這裡看見笛卡兒的「靈魂和肉體是統一在一起」的思想。笛卡兒在這裡很明顯地論說了以下一些觀點：

1、精神或者靈魂是和大腦緊密地連結在一起的；

2、大腦是透過神經末梢和身體的各個部分連結在一起的；

3、身體各個部分的運動透過神經末梢傳遞給大腦，繼而在大腦激起各種各樣的運動；

4、大腦中的這些運動使得我們的精神或者靈魂產生各種各樣的思想。

透過這些觀點，我們可以看出，笛卡兒承認靈魂和精神是緊密地連結在一起的。

最後，笛卡兒在《靈魂的激情》一書中也表述了相同的思想——「靈魂與肉體相統一」。

為了證明「靈魂和肉體的統一」，為了更清楚地說明「沒有廣延的靈魂和有廣延的肉體是怎麼結合在一起並相互作用」這個觀點，笛卡兒在《靈魂的激情》一書中提出了「松果體理論」。笛卡兒說，「雖然靈魂和整個身體相結合，然而在身體之中的某一個部位，靈魂在那裡比在其他任何部分都更顯著地發揮它的功能。」笛卡兒還指出，他所說的這個部分並不是心臟，而是大腦最裡面的那一部分，即以某一種方式懸於腦管之上的腺體。在這裡所講的腦管，是只能連結大腦前腔和大腦後腔的動物元氣的組織；前腔和後腔的元氣的聯絡將直接導致松果體的變化；並且，即使是元氣路徑中的每一次微妙的變化，也能引起腺體的劇烈變化。靈魂就在這個松果體的變化中發揮它的巨大威力。這就是笛卡兒的「松果體理論」。笛卡兒在這裡所說的「松果體」從解剖學的角度看，就是「松果體」。「松果體理論」的提出為靈魂與肉體的統一提供了理論和生理學基礎。也就是說，笛卡兒透過「松果體理論」的論述從更加現實的角度證明了靈魂和肉體、精神和物質的統一。

綜述這些內容，我們可以得出笛卡兒關於「靈魂和肉體統一」的論述的基本思路：

1、感覺是靈魂和肉體統一的最好明證。例如飢餓，口渴、疼痛等感覺以一種非常直接的方式證明了物質和精神、靈魂和肉體的統一。

2、靈魂和肉體是以一種獨特的方式全面地結合在一起的，是不能簡簡單單就把它們分開的。也就是說，靈魂和肉體的結合是內在的，不是表面的連結和結合，而是各個層次上的統一。靈魂和肉體的結合方式如同重力和物體的結合方式一樣，是互相滲透的，是不能分開的：精神結合在整個肉體之中，並與肉體同在；精神不會因為肉體的一部分的損傷而受傷或消失；精神是與肉體結合在一起的，但是精神永遠處於絕對的優勢地位。

3、精神雖然與肉體是整體地結合在一起的，但是精神主要發揮作用於大腦內部的一個松果體之中。

4、精神和肉體結合在一起並互相作用是以動物元氣和神經系統為仲介的。沒有動物元氣，靈魂或者精神就不能發揮作用；沒有神經系統就不能把肉體與精神最終結合在一起。也就是說，動物元氣為精神和肉體的互相作用提供了動力；而神經系統為精神和肉體的互相作用提供了溝通和互相影響的通路。

5、「精神和肉體的統一」中的「統一」，實際上並不是靜止的統一狀態，而是一個精神和肉體互相作用的動態過程。一方面，肉體受到外界對象的刺激，會透過神經系統把刺激送到大腦，從而在大腦中產生相應的運動，繼而是靈魂產生反應。另一方面，靈魂中的運動會透過神經系統和動物元氣傳輸到肉體引起肉體的相應運動。

總而言之，笛卡兒認為，靈魂和肉體雖然是區別的，但也是統一的：感覺就是靈魂和肉體相互統一的最好證明，例如疼痛、飢餓、乾渴以及其他的感覺都是靈魂和肉體結合的最好的明證；靈魂和肉體是全面地結合在一起的，不可分割的，它們結合的方式如同重力和物體的結合方式一樣；靈魂與肉體雖然是全面地結合在一起的，但是精神主要處於肉體的大腦之中，並且只是處於大腦之中的一個松果體之中。

# 第八章　論世界

《論世界》一書是笛卡兒早在西元一六三三年就完成的著作，但是由於很多原因，一直到笛卡兒死後十多年，《論世界》才真正出版。笛卡兒在《論世界》一書中，系統地闡述了他的物理學和宇宙學觀點。

在本章中，我們將分別從「感覺與產生感覺之事物」、「火焰中的光和熱」、「空氣」、「元素」、「一個全新的世界」和「人」等幾個小節，簡單分析笛卡兒在《論世界》中所闡釋的觀點。

## 感覺與產生感覺之事物

「感覺與產生感覺之事物」是笛卡兒在具體探討「光」之前論述的內容。笛卡兒認為，我們以前可能一直沒有注意到感覺與產生感覺之事物的區別，但是這種區別是存在的。例如：我們透過眼睛媒介在我們思想中產生的「光的感覺」和我們稱光源（或太陽或火焰）中的「光」的感覺是有區別的。接著，笛卡兒舉了很多例子來說明這一點。儘管笛卡兒對證明這個觀點的確實性顯得力不從心，但是他相信，他的觀點是正確的。所以他說，我們雖然還沒有足以確實的例子證明「感覺與產生感覺之事物確實是存在差別的」，但是我們至少可以證明，它們之間肯定是有所不同的。具體到「光」，我們就可以做出這樣的結論，物體本身的光與進入人眼中的光肯定是不同的。

這個部分內容是笛卡兒在具體探討「光」之前論述的內容。笛卡兒認為，在具體論述「光」之前，我們必須先注意一個問題——感覺與產生感覺之事物的區別。具體到「光」，也就是說，作為主體，我們透過眼睛媒介在我們思想中產生的「光的感覺」和我們稱光源（或太陽或火焰）中的「光」的感覺是有區別的。當然，不能否認，絕大多數人還是認為，我們頭腦中具有的這種光的概念與產生這種概念的物體是完全相似的。但是，具有這種確信的人能給我們任何證明他們的確信的證據嗎？沒有！因此，我們必須對這樣的傳統的想法表示懷疑。

類似的現象還有語言與之所標識的事物之間的區別。一般來講，我們都認為，語言與其所指事物之間沒有任何相似之處。但是，「語言能使我們想到它所標識的相應的某些事物」，這是不容懷疑的。即使我們不去作過多思考，只要一聽到某一個詞語立刻就會把它與它所標識的事物或者意思連結在一起。實際上，語言或者詞語只是我們約定俗成的成規，除此之外，一無所有。這樣看來，既然存在使我們人類對與其毫不相干的事物進行思考的語言，那麼，自然界為什麼就不可能存在與其實存在的內容毫不相干而只與其感覺相似的光的符號呢？看來我們的懷疑是合理的，這樣的假設完全可能。

當然，有人會提出反對意見，「耳朵只能使我們聽到說話的聲音，眼睛只能使我們看到哭笑以及其他任何的表象」，而真正能夠在我們的耳朵和眼睛聽到或者看到的同時向我們表述聽到或者看到的內容的則是我們的大腦。如果真的是這樣，問題變得似乎就更加簡單了，我們可以根據同樣的思路得出結論。在我們的眼睛感受到「光」的具體的行為時，同樣是我們的大腦，大腦讓我們產生「光」的概念，產生「光」的感覺。

我們不妨來看這樣一個例子，如果我們在聽到某個說話的聲音的時候，沒有注意到聲音所表達的意思，我們的大腦是不是也會產生形成這個聲音的具體事物或者具體過程呢？例如：我們的大腦在聽到聲音後的第一感覺就是「人張開嘴，轉動舌頭，呼出氣體……」這一系列具體的發聲過程。很顯然，這是相當可笑的，這些行為與那些使我們產生想像的聲音的概念沒有任何相同之處。再例如：有的科學家認為，「聲音只是一種傳導給我們耳朵的空氣的振動」。那麼，如果聽覺不能傳導聲音，只是傳導客體的真實映像的話，我們的大腦在聽到聲音之後的第一時間內想像到的就是「空氣的運動」。

再例如觸覺，觸覺是我們所有感覺中最為真實和最為確定的感覺。那麼觸覺使我們想像到的概念與產生這種想像的物體之間有什麼關係呢？舉「癢」和「痛」兩種感覺來作例子，我們都知道，某些物體在某些情況下碰到我們時，我們便會產生這兩種感覺。但是這兩種感覺與那些外在的物體本質上是沒有任何關係的。試想一下，我們用一根羽毛從一個熟睡的孩子的臉上輕輕拂過，他會產生「癢」的感覺，孩子產生的「癢」的感覺，和羽毛本身的性質有任何相似之處嗎？再例如一個剛剛從激烈的戰場上次來的士兵，忽然感覺到自己受傷了，因為自己感覺到了疼痛。於是士兵趕緊找醫生說自己受傷了，要求治療。但是在經過詳細檢查之後，醫生發現士兵的疼痛僅僅是來自於扣環和舊傷口上的綁帶在盔甲下面的擠壓。想像一下，如果士兵能感覺到自己的疼痛僅僅是自己舊傷口上的繃帶受擠壓造成的，那麼，他就完全沒有必要大費周折找醫生來檢查了。

總而言之，我們雖然還沒有足以確實的例子證明「感覺與產生感覺之事物確實是存在差別的」，但是我們至少可以證明，它們之間肯定是有所不同的。具體到「光」，我們就可以做出這樣的結論，物體本身的光與進入人眼中的光肯定是不同的。

關於具體的「光」的內容，將在下面的內容中具體論述。

## 火焰中的光和熱

火焰的顏色和火焰的形狀是怎麼產生的？火焰所產生的熱量和木頭燃燒後變成與之截然不同物質的過程又是怎麼一回事？笛卡兒在這裡就是要討論這些問題。笛卡兒認為，如果真的要給火焰的產生找一個歸結點的話，那麼這個歸結點就是可燃物內部的各個粒子之間的運動。那麼，火焰到底是怎樣提供給我們「光和熱」的呢？笛卡兒認為「熱」是在燃燒這個運動劇烈時對我們產生的一種灼痛感。至於「光」，笛卡兒說，我們也可以想像火焰中的這種運動足以引起我們對它的感覺，實際上，光就是火焰中的這種運動引起我們對它的一種感覺。

笛卡兒認為，世界上能產生「光」的物體只有「星」和「火（即火焰）」兩種。與「星」相比，「火」與人類的關係最近。笛卡兒說，木頭或者其他可燃物在燃燒的時候，我們用肉眼就可以看到，「火焰不斷地觸及木頭的許多微小粒子，把它們撕裂開，生成火光、空氣和煙，剩下的便是灰燼。」有時候，我們可以想像一下火焰、火焰的顏色、火焰的形狀以及火產生的熱量和木頭燃燒後變成與之截然不同的物質的過程。笛卡兒認為，如果真的要給火焰的產生找一個歸結點的話，那麼這個歸結點就是可燃物內部的各個粒子之間的運動。笛卡兒說，如果一方面把「火」或者是「熱」加到可燃物之上，使可燃物燃燒，另一方面限制可燃物內部的粒子的運動，那麼，我們可以想像木頭將不會發生什麼變化或改變。相反，如果我們把正在燃燒的可燃物之上的「火」和「熱量」拿走，假定有某一種與火和熱量不一樣的力量，能使得可燃物之中的粒子產生相應強度的粒子運動，那麼，可燃物也可以產生於燃燒相類似的變化。

這樣，我們就可以得出以下結論：作用於可燃物的火焰是由微小的粒子之間獨立地以一種極快速和劇烈的方式運動的。也就是說，在運動的時候，火焰不斷地和它所觸及的物體的各個部分發生碰撞運動，並能移動那些沒有產生太大阻力的部分。當然，我們用肉眼永遠也無法看到火焰作用與所觸及物體的每一個單個的部分，我們看到的只是它們協同努力而導致的那個結果。這是因為，它們的運動得很迅速並且相當激烈，而它們所觸及的部分由於太小，我們根本不能用視覺加以區分。

至於各個粒子運動的方向，笛卡兒認為，粒子運動的力和決定它向哪個方向運動的力是完全不同的，兩者不是相互依存的，可以獨立存在。我們可以簡單地認為，每一部分都在以一種自由的方式運動，而這樣的運動方式能根據它周圍物體的位置使其阻力降到最低。具體來講，在同一束火焰中，有的部分可能在上升，有的部分則可能在下降；有的部分可能在做直線運動，有的部分則可能在做環形運動；有的部分的運動方向可能是不固定的，而有的部分的運動方向則可能是固定不變的。

現在，如果我們還有類似於「火焰是如何具有消耗掉木頭而燃燒的力量」這樣的疑問，我們只要想像一下上面所講的「火焰的運動」就足夠了。那麼，火焰到底是怎樣提供給我們「光和熱」的呢？用上面所講的原理是否能夠解釋這個疑問呢？笛卡兒沒有直接面對這個疑問。

笛卡兒認為，「熱」是在燃燒這個運動劇烈時對我們產生的一種灼痛感。正如上面所講過的那樣，「在我們思想之外，沒有什麼與感覺痛癢的概念相似的東西。」、「我們也可以相信，在我們的思想之外，沒有什麼與熱這個概念相類似的東西。當然，這種感覺應在我們體內產生並透過某種東西，這種東西是由手和身體其他部位的許多微小部分的各種運動所建立的。這個觀點被許許多多的直接觀察所證實，如我們的雙手僅僅透過相互摩擦便能發熱。」

至於「光」，我們也可以想像火焰中的這種運動足以引起我們對它的感覺，光就是火焰中的這種運動引起我們對它的一種感覺。

最後，笛卡兒又從「火焰內眾多粒子永不停息地運動」這個論點出發，認為「火焰內眾多粒子永不停息地運動」這個現象並不是唯一的，而是在世界上其他的物體之中也存在的現象。笛卡兒說，「我相信世界上永遠進行著各種無窮無盡的運動。我們注意到那些最顯著的變化（年、月、日更替），然後我們還能觀察到：空氣永無停息地被風颳來刮去；大海永無寧日；泉水和河流不停地流淌；最宏偉的建築也會倒塌，最終成為廢墟；植物和動物總是在生長或死亡。總之，任何地方都沒有一成不變的事物。」當然，由於粒子運動太微妙了，並且也不像火焰的運動那樣激烈，不像能產生「光和熱」的火焰一樣能產生其他明顯的現象，所以我們無法直接透過感官感受到。

笛卡兒認為，具體去探究這些運動的原因並沒有什麼實際意義，只要假定自從世界存在以來，它們就開始運動，對我來說這便足夠了。笛卡兒還認為，這種運動不僅自產生以來就沒有停止過，而且除了自身的原因以外還從沒有改變過運動方式。或者說，物體自身內部的運動的能量和優勢可以從一個物體傳遞到另一個物體那裡去，重新開始運動，但是絕對不會從這個世界上消失。

## 空氣

笛卡兒認為，所有物體，不論是液體還是固體，都是由相同的物體組成的。形成所有物的此種物質的每一個組成部分都被其他部分所包圍和碰撞而成為具有一定硬度和體積的物體。空氣也是一樣的。笛卡兒認為，空氣也是一種普通的物體，但是空氣的特殊之處在於它不能像其他物體那樣被人所感知。我們通常所理解的「空間」或者認為只有空氣存在的「空間」實際上都是滿滿的，裡面裝滿了相同的物質。這就正好和我們所理解的其他任何物體所存在的空間一樣。總之，我們所理解的空氣並不應該是什麼都沒有，在我們感覺到什麼也沒有的空間裡充滿著一些物質，這些物質與我們所能感覺到的物體中的物質是相同的，至少前一空間與後一物體所占據的空間飽含著同樣多的這種物質。這種物質就是空氣。

笛卡兒認為，空氣也是一種普通的物體，但是空氣的特殊之處在於它不能像其他物體那樣被人所感知，例如：我們知道蘋果是橢圓的，黃瓜是長條形的，但是我們並不知道空氣的具體形狀。儘管如此，我們卻不能否認空氣的存在，我們要從我們從幼時就形成的成見——「除了那些可以被感覺所感知的物體外，在我們身邊並沒有什麼東西圍繞著我們」中解脫出來。在此，笛卡兒認為，所有物體，不論是液體還是固體，都是由相同的物體組成的。形成所有物體的此種物質的每一個組成部分都被其他部分所包圍和碰撞而成為具有一定硬度和體積的物體。該物質的各個部分不可能不斷地形成一個更為堅硬和體積更小的物體。笛卡兒說：「如果到處都可以有真空存在的話，那麼這個所謂的真空肯定是一種堅硬的固體而不是呈流態的液體。這是因為相比較於呈流態的液體，固體更容易互相擠壓而成列地排成一個集體。這是由固體「靜止」的本性所決定的。我們可以來看這樣的一個例子：當我們把粉末裝進容器內的時候，總是會用力搖晃容器以便讓容器騰出更多的空間來裝入更多的粉末。而當我們將某種液體裝入容器內的時候，我們根本不用搖晃容器，液體在容器內會自動地占滿容器內的任何空間。」

總之，笛卡兒認為，我們通常所理解的「空間」或者認為只有空氣存在的「空間」實際上都是滿滿的，裡面裝滿了相同的物質。這就正好和我們所理解的其他任何物體所存在的空間一樣。

一般來講，我們都有這樣的經驗，我們知道有很多很重的物體也能上升，很多堅硬的物體也能夠被擊得粉碎。這也就是說，物體的某些部分是可以互相分開而與另外的其他物體連成一體的。那麼，能向各個方向擴散的空氣在互相靠近的時候沒有接觸或者沒有接觸任何其他的物體的可能性是不是存在呢？井水是不是會為了充滿抽水灌而違背自身的屬性上升？是不是說雲彩之中如果存在著即使很小的空間，雨水也沒有必要降落下來去充滿地面的空間？這裡涉及到一個很重要的物體，除非液體之間有空隙或者某些部分由於運動而會騰出不少空間，否則，液體就不會無休止地流動。例如：如果容器口不傾斜或者容器不被打碎，有限容器內的液體是不會自動流到外面去的。

笛卡兒考察了液體和固體的運動以後得出一個這樣的結論：「世界上的所有運動都是以某種環形方式進行，那就是，一個物體離開其位置，總會進入另一個物體的位置，這樣不停地連續進行直到最後一個，而最後一個會在同一瞬間占據第一個物體所騰出的位置。因此，物體運動時的空間並沒有比靜止時具有更多的真空。」當然，這樣的運動並不一定需要物體的各個部分都協同運動，並不是真正意義上講「必須排成一個精確的圓圈或者排成一個真正的環狀」。所謂的環形運動，只是一種總體運動狀態的概括。

現在，讓我們再次回到空氣的概念上來。我們一般習慣把空氣理解成「是一種什麼也沒有的空間」。因此，讓我們在理解空間物體運動的時候，即使非常明顯的空間運動，我們也不會意識到它環形運動的本性。為了更好地理解環形運動，我們還可以再看兩個例子：

1、魚在水中游動的時候，如果牠不游到水面上來，只是在水裡游動的話，即使牠用再大的力氣，以再大的速度游動，那麼牠的游動的行為也不會引起水的任何變化。於是，我們看到的「魚」只是奮力地推動牠前面的水，而不是推動牠後面的水。魚游動時所推動的水能夠使牠們更好地完成環形運動，能更好地填補魚前進後留在牠後面的空間。

2、一桶封閉的酒，裡面的酒之所以不會從桶的底部流出來，也是因為它正好占據了一個空間。在沒有任何其他的物體擠掉酒所占據的空間之前，酒是不會流出來的。如果想讓酒流出來，就得在桶的上面開一個洞口。有了洞口，空氣就會自動從洞口進入桶內形成環形運動的條件，從而占據酒的位置把酒擠出來。

總而言之，笛卡兒認為，以上的這些論述雖然還不足以證明自然界中沒有真空，但是至少可以證明，我們的周圍除了那些可以確切感受到的固體物質和液體物質之外並不是什麼都沒有；我們所理解的空氣並不應該是什麼都沒有；在我們感覺到什麼也沒有的空間充滿著一些物質；這些物質與我們所能感覺到的物體中的物質是相同的，起碼前一空間與後一物體所占據的空間包含著同樣多的這種物質。

在此基礎上，笛卡兒進一步論述了空氣的性質。笛卡兒認為，雖然我們很難想像，但是我們每時每刻所呼吸的空氣儘管只是由一些散亂的氣體和煙氣組成的，但是也像水或土壤一樣具有質密性。空氣在運動的時候會變成風，被封閉在氣球內部的時候也會看起來很堅硬。空氣最大的特點就是它是稀薄的，例如一滴水經過熱的蒸發後會產生出比水占有的空間所容納空氣多得多的普通空氣。這又告訴我們，在空氣的各個組成部分之間有大量的小間隙，但是這些小的空隙肯定不是絕對沒有任何物體存在的，笛卡兒說，「我斷定必然存在一個或很多其他的物體與空氣混合在一起，盡可能緊密地填滿各部分之間的微小間隙。」

## 元素

笛卡兒認為，「在我們呼吸的普通空氣的各部分之間充滿著更純的空氣和火元素，它們相互交錯排列成的這些物體，組成了具有各種硬度的大塊。」這之中的火、氣和「各種硬度的大塊」就是笛卡兒即將論述的火、氣以及土三種元素。笛卡兒認為，除了它所描述的這三個元素，世界上再也找不到任何與這三個元素有類似構造之物：「火」沒有必要保持一定限度的大小、形狀和狀態；「氣」的主要特點在於其各組成部分大小適中，運動緩和；「土」的構造在於其各個部分很大或緊密地結合在一起，它們總是具有抵抗其他物體運動的力量。

笛卡兒之前的傳統哲學認為，在雲層之上有一種更為純淨的空氣，該種純淨的空氣並不像我們周圍的空氣那樣含有地球表面的水蒸氣，而是僅由一種單一的元素組成；另外，在這層純淨的空氣之上還有一種火元素；空氣和火這兩種元素與水和土相混合構成了下面地球上的所有物體。笛卡兒總結以前的這些觀點，得出以下結論，「在我們呼吸的普通空氣的各部分之間充滿著更純的空氣和火元素，它們相互交錯排列成的這些物體，組成了具有各種硬度的大塊。」這之中的火、氣和「各種硬度的大塊」就是笛卡兒即將論述的火、氣以及土三種元素。

接著，笛卡兒用自己的方式論述了關於元素的許多問題。但是笛卡兒在具體論述火、氣、土三種元素的時候，僅僅是按照大小、形狀和運動方向對它們進行了區分。而沒有像其他哲學家們那樣使用所謂的「熱、冷、溼、乾」

等性質來描述。那麼為什麼會這樣呢？「的確，除非是我錯了，否則，不只這四種性質，就連所有其他種類的性質，甚至包括無機物的構成，都應給予解釋，而不是猜測。除了運動方式、大小、形狀和各部分的排列之外，對於重要的內容都不應猜測。」之所以如此，是因為笛卡兒認為，「除了以上我所描述的三個元素外，我不承認有其他什麼元素」。「在這三個元素與其他哲學家們稱為『混合物』或『複合物』的物體之間一定存在著區別。」區別就在於混合物的各構成部分總是具有不相同的性質，這些不同的性質相互對立和對抗，或者至少沒有相互依存的趨勢。而這裡所講的元素的構成是比較單一的，構成元素的各個部分相互之間一定能完善協調，每一個構成部分都能促進相互之間的依存關係。

笛卡兒認為，除了它所描述的這三個元素，世界上再也找不到任何與這三個元素有類似構造之物。笛卡兒認為，「火」沒有必要保持一定限度的大小、形狀和狀態；「氣」的主要特點在於其各組成部分大小適中，運動緩和，「如果世界上還有什麼可以增強其運動和減少其大小的原因的話，那麼只能是像許多其他物體那樣，正好有一個對立物，因此它總是像原來那樣保持一個適度的狀態而維持平衡」；「土」的構造在於其各個部分很大或緊密地結合在一起，它們總是具有抵抗其他物體運動的力量。

另外，笛卡兒說，「只要我們大家願意，我們就可以透過各種各樣的運動形狀、大小和物質各個部分的不同的排列，來觀察第三種元素，進一步檢查所有混合物的構造。透過這個檢查，我們肯定會發現，沒有什麼構造不包含在其自身的性質之中。這些性質使物質產生一種趨勢：經受改變，不斷變化，減化為一種元素。」緊接著，笛卡兒把物體比作海綿，認為「其『毛孔』充滿著第一和第二種元素的粒子，它們不能被感覺所感知。」笛卡兒透過這個例子，闡釋了「為什麼我們周圍的物體必須是三種元素的『混合體』或其粒子複合體」這個問題。

## 一個全新的世界

笛卡兒在這個部分內容中假想了「一個全新的世界」。具體來講，笛卡兒在這裡所講的「全新的世界」是為了具體表述「組成物質的性質」的時候構思出來的，是一個假想中的世界。接著，笛卡兒又假定上帝在「既定空間」上創造的物質是有限的，但是這種物質同時又充滿了整個既定空間。另外，笛卡兒還認為，我們假想的上帝所創造的這種物質和其他哲學家們所言的「組成世界的基本物質」裡的「基本物質」不是一樣的概念。那麼，在假定空間上的這些假想的物質有沒有自身的結構呢？笛卡兒認為，為了具體論述這個「全新世界」的構成，我們可以先假定這種物質可以被分成我們所能想像得到的盡可能多的粒子。那麼，這些粒子又是怎樣自我理順自己的順序，怎樣以一種良好的秩序自我排列組成一個完美的世界的呢？笛卡兒具體提出了三個規則來說明「粒子自我理順自己的順序，以一種良好的秩序自我排列組成一個完美的世界」的過程。

笛卡兒在這個部分內容中假想了「一個全新的世界」。表面上看，也許這個「全新的世界」或者說是「假想中的世界」和我們生活的世界毫無關係，但笛卡兒實際上是在假想中探尋真理。正如笛卡兒自己所說，「我們能清晰地想像它們，並不會懷疑它們的可靠性；也不會懷疑，如果上帝創造了很多個世界，那麼在其他世界裡，這些真理也是正確的。」也就是說，笛卡兒雖然在這裡探討的是他假想中的那個「全新的世界」，但實際上這個全新的世界就是我們生存的這個「現實的世界」。

具體來講，笛卡兒在這裡所講的「全新的世界」是為了具體表述「組成物質的性質」的時候構思出來的，是一個假想中的世界。在構造這個「全新的世界」之初，笛卡兒說，「哲學家們告訴我們空間是無限的，我們理所當然地應該相信他們，因為正是他們發明了空間，為了避免被這種無限性所阻礙或迷惑，我們可以試著不要在這世界裡一直往前走，我們只需進入某一個足夠遠的時點就夠了。在這個時點上，上帝在五六千年前創造的所有生物尚未在某個確定的地點停下來，我們可以假設上帝在我們周圍重新創造了許多物質，使得我們無論在想像的哪個方向都感覺不到有空虛的地方。」可見，在構造「全新世界」的時候，笛卡兒先是在想像中確定了某一個靜止的空間，然後又假定上帝在這個「靜止的空間」上創造了許多新的物質。

接著，笛卡兒又假定上帝在「既定空間」上創造的物質是有限的，但是這種物質同時又充滿了整個既定空間。針對這種物質和既定空間的存在狀態，笛卡兒說，「我們特意將想像限定在某一明確的不太大的空間，比如說不大於地球與太空中那些主要星星間的距離。我們再假定上帝創造的這些物質在向所有方向的遠方擴展」。具體到上帝所創造的這種物質的性質，笛卡兒說，我們盡可能把這種物質歸因於一種性質。在此種性質的定義之下，這種物質「不存在絕對的、人們不能完全認識的事物。」那麼，怎樣才是「不存在絕對的、人們不能完全認識的事物」呢？

笛卡兒說，我們最好不要把這種物質想像成具有像土、火或氣，或其他像木頭、石頭、金屬等這樣的特殊構造；我們也盡可能不要把這種物質想像成具有或熱或冷、或乾或溼、或輕或重或者味道、氣味、聲音、顏色、光亮或其他自然界所具有的這樣的性質。總而言之，我們在這裡所假想的上帝所創造的這種物質肯定不應該是人們所熟知的某種東西。笛卡兒在這裡的論述相當神祕，是一種超理性主義的思維模式。

另外，笛卡兒還認為，我們假想的上帝所創造的這種物質和其他哲學家們所言的「組成世界的基本物質」裡的「基本物質」不是一樣的概念。我們在這裡「假想的物質」雖然「肯定不應該是人們所熟知的某種東西」，但是，我們在具體想像的時候，可以把他想像成「真實的、完全的固體，均勻地充滿這個巨大空間的全部的長、寬、高向量上，而我們的思想就停留在這個空間的中心。這個物質的各個部分總是占據那巨大空間的一角，並且安排得十分精確和適合，以至於既不能裝進一個大一點的，也不能擠進一個小一點的；它在某處的存在，排斥別的物體的存在。」

那麼，在假定空間上的這些假想的物質有沒有自身的結構呢？笛卡兒認為，及這個「全新世界」的構成，為了具體論述構成這個「全新世界」的這種物質的性質，我們可以先假定這種物質可以被分成我們所能想像得到的盡可能多的粒子。並且，上帝在創造他們的那一刻，就賦予了它們不同的特點，例如「上帝使一些粒子在一個方向上開始運動，其他粒子在另外的方向上運動；並使一些粒子比較快，另外的粒子比較慢（或者如果願意的話，甚至可以使其根本不運動）。」

笛卡兒說，除此之外，我們假定上帝沒有創造任何其他的東西，例如秩序或比例。如果真是這樣，這個世界的構成就如同那些詩人所描述的一樣是一個混沌的狀態。但是即使這樣，笛卡兒並沒有認為這個假定的世界就會永遠處於一種混沌的狀態。笛卡兒認為，即使上帝創造的腳步在我們假定中達到這一步，但是上帝實際上已經為這個全新世界的運行「如此宏大的方式創立了這些運動及其規律，這就已經足夠了。」笛卡兒認為，這些宏大的規律足以使得這個全新的世界中的混沌的粒子自我理清順序，然後再以一種良好的秩序自我排列，最後組成一個完美的世界。在這個完美的世界中，只要我們肯動腦筋去想，就一定能夠想到我們想要的任何東西。

那麼，這些粒子又是怎樣自我理順自己的順序，怎樣以一種良好的秩序自我排列組成一個完美的世界的呢？笛卡兒說，「我將這些變化歸因於自然，其發生時所遵守的規律，我稱之為『自然規律』。」笛卡兒在這裡所講的「自然」概念和我們已有的自然的觀念是有區別的，它著重指那些粒子自身的構建世界的這種本性。

笛卡兒具體提出了三個規則來說明「粒子自我理順自己的順序，以一種良好的秩序自我排列組成一個完美的世界」的過程。笛卡兒說，「我相信，透過這兩三條主要規則將足以使大家熟悉所有其他的規則。」

第一個規則：物質的單個粒子，只要它與別的粒子的碰撞沒有促使它改變原有狀態，它總是繼續保持同一狀態。

這也就是說，如果外力迫使粒子自身的狀態發生改變，那麼粒子自身的狀態將不會改變。即：「如果粒子有大小，除了其他粒子將其分割開外，它不會變得更小；如果它是圓的或方的，除了其他粒子迫使它外，它將永遠保持那一形狀；如果將其帶至某個地方，除非其他粒子將其趕出，它將永遠不會離開那個地方；如果它一旦開始了運動，除非有其他粒子阻止或延遲它，否則它將始終擁有同樣的力量繼續運動。」

笛卡兒在這個規則裡著重強調了「運動」。笛卡兒認為，「運動」應該是像物質的大小、形狀、靜止和其他無數這樣的問題一樣是物質的最基本的規則，而不是像以前一樣被排除在「大小、形狀、靜止和其他無數這樣的問題」之外的規則。相較於其他哲學家所講的那些抽象的「運動觀」，笛卡兒認為它的「運動觀」是簡單的、單純的、易於理解的。笛卡兒說，「除了使物體從一個地方到另一個地方，其間連續占據所存在的整個空間的運動外，我不知道還有別的什麼運動。」笛卡兒的運動觀念在這句話裡表達得非常明白。

「靜止」是和「運動」相對的一個概念。笛卡兒認為，一般來講，人們「給予這些最基本的運動比靜止更確定和更真實的生命力」。但是在笛卡兒看來，運動除了是一種自身的運動之外不再是任何東西。正如笛卡兒所說得那樣，「我覺得就像運動是我們所認為的物質在改變位置時的一種性質一樣，靜止也應是一種物質的性質，只不過是在物質停留在某個地方時我們所看作的性質。」

第二個規則：當一個物體擠壓另一物體時，它不能因另一個物體而運動，除非它在同一時刻失去了與其一樣多的運動。或者：一個物體不能奪走另一個物體的運動，除非前者的運動本身獲得了同樣多的增加。

這條規則告訴我們，物體不會無緣無故地運動或者停止，它所作出的任何運動和停止都是因為它受到了其他物體的推動或者阻止。笛卡兒說，這條規則也是我們在生活中常見的，例如我們都有過這樣的經歷：我們經常會發現，一個物體之所以會運動又會停滯，是因為它受到了其他物體的推動或者阻止。

笛卡兒認為，這條規則從根本上解決了經院哲學家的很多難題。例如：按照以往經驗哲學解釋運動的概念，經院哲學家在解決下面這樣的問題時就會遇到難題：一塊被扔出的石頭在離開手後為什麼還會繼續運動？然而針對這樣的問題，笛卡兒說，「我會問為什麼石頭不繼續永遠運動？」後一個問題的答案當然是很明確的：石頭運動於其中的空氣產生了某些阻力，阻止它不會永遠地運動下去。石頭當然會在空氣中受到阻力，這就和「我們在搖扇子的時候會明顯感受到扇子會受到空氣的阻力」是一樣的。

但是不敢想像，如果我們不去按照第二個規則解釋空氣阻力的效果，那又會怎樣呢？在這種情況下，我們只會認定，一個物體，它阻止其他物體運動的能力越大，所提供的阻力也就越多。那麼，在這個問題上很快就會滋生另一個難題：「為什麼運動的石頭在碰到一個較軟的、給予阻力較緩和的物體時，比碰到一個較硬的、給予阻力較強的物體時減弱得更多？同樣地，我們也難於解釋為什麼在後一種情況下，石頭一碰到阻礙就會立刻改變路線，而非因此而中斷或停止運動。」當然，如果我們要接受這個規則，這些難題就都不是難題。這個規則不正告訴了我們，「某一物體的運動由於與其他物體的碰撞而受到延遲或阻礙，這種阻礙與後者的阻力大小不成比例，而其運動的變化僅與對後者阻力的克服程度和後者按照這個規則而吸收前者放棄的運動力的程度有關。」

當然，有人會提出這樣的疑問，實際上，我們在現實生活中所見的大多數運動中並沒有看到「物體開始或停止運動是由於被其他物體所推動或阻止」以及上面所講第一條規則裡所講的粒子運動。笛卡兒認為，這並不會影響這兩條規則的可信度。笛卡兒說，「即使我們在現實世界中所經歷的任何事物看起來都與這兩個規則中所包含的內容背道而馳，但我仍然相信，我所闡述的推理是強有力的。」笛卡兒甚至說，這兩條規則裡所講的內容雖然從表面看來很微妙，但實際上它們的威力卻是巨大的。「這種作用總是在我們感覺不到的情況下存在著，物體僅從普通空氣中也可受到這種作用，我們卻不能感覺到。同樣很顯然，有時物體也可以將這些作用傳輸給周圍的空氣，甚至整個地球。」

第三個規則：如果物體運動不是像前面所說的以某種環形方式進行，那麼就不會有任何運動，雖然物體大部分的運動是沿著一條彎曲的線路進行的，但其上每一個粒子總是獨自傾向於沿著直線不停地運動。

這條規則告訴我們，物體粒子的運動方式或者運動行為，比如其必須運動的傾向，與物體運動是不相同的。笛卡兒舉了這樣一個例子，「我們使車輪繞著其軸心旋轉，儘管其所有部分都在一個圓上運動（由於相互之間連接著，它們別無選擇），它們的趨勢仍然是向前沿著直線運動。」也就是說，如果車輪上其中一部分碰巧與其他部分分離，那麼，脫離下來的部分的運動立刻就變得自由了，它會停止旋轉，繼續沿著直線運動。笛卡兒認為，這個規則和上面提到的兩個規則一樣都是建立在一個基礎之上的——「這個規則與其他兩個一樣，建立在相同的基礎之上，僅僅依賴於上帝透過連續的行動維持每一事物的存在，這種維持不是在某些較早的時候，只是在開始維持的那短暫的一瞬間。」

具體來講，在粒子的所有運動形態中，直線運動是最簡單、最容易被人們想像的。我們在具體理解直線運動的時候只需要做出這樣的想像就足夠了，「物體處於一個確定方向上的運動過程中，並且在每一個決定性的瞬間都是如此。」相比較於直線運動，環形運動或者其他種類的運動就比較簡單了，我們在想像的時候，「必須至少考慮兩個瞬間或者選兩個粒子，並且要考慮兩者之間的關係。」

最後，笛卡兒認為，「這些規則可使我們以一種簡明的方式理解自然界中的所有現象」。但是笛卡兒同時也肯定，「除了上面已經闡述的三個規則，除了沿著永恆真理前進所不可避免的規則外，我不想再假定別的。」不想假定別的是因為，有些真理只是對我們的思想來講是理所當然的，「我們能清晰地想像它們，並不會懷疑它們的可靠性；也不會懷疑，如果上帝創造了很多個世界，那麼在其他世界裡，這些真理也是正確的。」

# 人

笛卡兒認為，人體就像是一部自動運轉的機器，它的生命在於血液的機械運動。在這裡，笛卡兒先假定，人是由上帝有意把它造得和我們完全相似的一尊泥塑像或機器。上帝在造成我們「這尊機器」之後，「不僅賦予我們肉體各個部分以外在的顏色和形狀，而且在肉體內部設置好了行走、吃、呼吸所需要的所有器官，並且實際上仿造出所有那些我們從事實出發和唯一依賴於器官位置就能想像到的功能」。在這個假定的基礎上，笛卡兒詳細敘述了人的骨頭、神經、肌肉、靜脈、動脈、胃、肝、脾、心、腦以及組成這台機器所必須的其他各種各樣的器官的各種生理活動。笛卡兒先從大腦和血液開始講起，笛卡兒說，「通向大腦的血液不僅滋養和維持大腦物質，而且（也是首要地）在這裡形成一種非常纖細的氣，或者相當活躍和純粹的火焰，被稱為『生命的精氣』。」、「生命的精氣」進入大腦空腔，並經由大腦空腔進入大腦物質的小孔，然後從這些小孔進入神經，並取決於進入某些神經比其他神經更多的變化數目，「生命的精氣」能夠改變長有神經的肌肉的形狀。最後，「生命的精氣」能透過這種方式決定所有肢體的運動。

笛卡兒說，「人，就像我們，是由靈魂和肉體組成的。」但是在這個部分內容，笛卡兒著重論述的是作為肉體的人。笛卡兒認為，人體就像是一部自動運轉的機器，它的生命在於血液的機械運動。笛卡兒把這一點當作他的基礎理論，並在此基礎上具體論述了人體的生理活動。

笛卡兒先假定，人是由上帝有意把它造得和我們完全相似的一尊泥塑像或機器。上帝在造成我們「這尊機器」之後，「不僅賦予我們肉體各個部分以外在的顏色和形狀，而且在肉體內部設置好了行走、吃、呼吸所需要的所有器官，並且實際上仿造出所有那些我們從事實出發和唯一依賴於器官位置就能想像到的功能」。在這個假定的基礎上，笛卡兒詳細敘述了人的骨頭、神經、肌肉、靜脈、動脈、胃、肝、脾、心、腦以及組成這台機器所必須的其他各種各樣的器官的各種生理活動。但是笛卡兒承認，作為上帝智慧的產物，人體內的各種生理活動要比在這部分內容中敘述的要複雜得多。

笛卡兒先從大腦和血液開始講起。笛卡兒說，「通向大腦的血液不僅滋養和維持大腦物質，而且（也是首要地）在這裡形成一種非常纖細的氣，或者相當活躍和純粹的火焰，被稱為『生命的精氣』。」基於這一點，我們必須注意從心臟向大腦運輸血液的動脈在分成無數支細小的血管之後又是怎樣在大腦處集中起來把血液輸進大腦的。實際上，運輸血液的無數支細小的血管會在大腦空腔的入口處的「松果體」處再次收攏，然後把血液送進大腦。具體來講，在這個無數支細小的血管再次收攏在一起的區域有許多小孔，血液中的精華部分就是透過這些小孔進入「松果體」，然後再進入大腦的。但是，流入「松果體」的「這部分血液除非隔離血液的粗糙部分，否則，心臟的搏動就以極快的速度使其滯留下來，以致它不能形成血液，因此被稱為『生命的精氣』。」

「生命的精氣」進入大腦空腔，並經由大腦空腔進入大腦物質的小孔，然後從這些小孔進入神經，並取決於進入某些神經比其他神經更多的變化數目，「生命的精氣」能夠改變長有神經的肌肉的形狀。最後，「生命的精氣」能透過這種方式決定所有肢體的運動。

為了更形象地描述自己的理論，笛卡兒說：「類似地，你或許曾觀察過皇宮花園的泉洞或噴泉，在池塘水的壓力下，泉水被噴湧而出，當水從它的源頭噴出時，依靠泉水流經水管的各種裝置足以帶動各種機器，甚至使它們彈奏某些樂器或發出某些聲響。事實上，你們可以把我描述的機器的神經和這些噴湧噴泉的水管作比，它的肌肉和肌腱裝有各種各樣的器具和彈簧，幫助它們在運動中固定；它的生命精氣裡裝著的水驅動它們，心臟是水的發源地，大腦的空腔是儲藏罐。而呼吸和其他類似的活動是該機器的正常活動和屬性，取決於精氣的流動，就像鬧鐘或風車的運動由普通的水流源源不斷地提供一樣。外界物體，透過他們的存在刺激它的感官組織，並由此引起它們按許多不同方式的運動，這依賴於它的大腦如何安排，就像遊客進入噴泉的泉洞，眼前發生的事物會毫不含糊地引起感官運動一樣，因為如果他們不跨步於某一為之準備好的磚塊上，他們就不能進去。」

那麼，刺激感官的外界物體究竟是如何啟動「這台機器」的呢？又是怎樣使它的各部分零件（即肢體）朝無數不同的方向運動的呢？笛卡兒認為，如果我們想要弄清楚這個問題，就「應該考慮在機器的每個部分裝備的細小纖維（如我已經告訴你那樣，它們來自大腦的最裡層區域，組成神經的配對物）充當一些能夠透過感覺物體輕而易舉被引發感覺的感官組織。」這些感官物質在輕微的壓力下就可以產生運動，從而對大腦產生衝擊。這樣，大腦內部的表層就會對一些毛孔開放。接著，大腦空腔中的「生命精氣」會立刻經由這些毛孔「進入神經和引起機器運動的肌肉，和我們的感覺在相同方式影響時，我們自然而然地快速作出反應十分相似。」

例如：如果火Ａ蔓延到腳Ｂ，火的微小分子（就如你所知，運動得非常迅速）能夠隨火的延伸到達皮膚表面區，以這種方式，它們牽動你見到的聯著它的細小神經纖維ＣＣ、同時也打開了位於該纖維末端對面的毛孔入口ＤＥ——就像你拉一根繩子的一端的同時，引起了懸掛在繩子另一端的鈴響一樣。當進入毛孔或小血管DE的入口按這種方式開放以後，來自空腔下的生命精氣就進入這裡——部分到達那些使腳移開、遠離火的肌肉塊；部分到達使眼睛和頭都轉過來看火的那些肌肉；部分到達使手移動和整個身子轉開以保護自己的那些肌肉……

笛卡兒說，當上帝把一個理性靈魂結合到該機器時，它將在大腦裡占有統治地位，並發揮它的特性，比如靈魂將根據進入大腦內部表面的毛孔開口被神經打開的不同方式而具有不同的感覺。首先，假定組成神經網的神經末梢被這樣一種力量拉斷，以致使原先和它們連接的身體分離，當然會導致整個機器的結構在某種程度上變得不完美。這種方式的拉動在大腦的神經引起運動，給靈魂產生痛感提供了誘因（靈魂的留駐地位必須保持不變）。

假定神經被上文提到的那麼大的拉力拉擠，但是沒有被拉斷，也沒有從它們連結的身體部分分離，那麼它們將在大腦引起一種運動，證明身體的其他部分處於良好狀態，並讓靈魂有理由感到一種肉體的快感，我們稱之為「快樂」。實際上，我們已經明白，它在原因上和痛苦非常相近，但結果卻完全相反。另一面，如果許多這些神經末梢都被均勻地拉動，它們將使靈魂感覺和停止在那裡和肢體相接觸的物體的外表是光滑的；如果神經末梢被不均勻地拉動，它們將使靈魂感覺該物體的表面是不平的、粗糙的；如果神經末梢僅被輕微打擾，和另外一個神經分離，就像心臟傳給身體其他部分的熱量常常引起的那樣，靈魂將不會比其他普通的身體功能有絲毫更多的感覺。但是，如果這種刺激由於一些正常原因增加或減少，那麼它的增加將使靈魂有一種熱的感覺，減少將有一種冷的感覺。

最後，根據它們被刺激的其他種種方式，神經將引起靈魂認為所有的其他屬性，比如潮溼、乾燥、沉重和類似之物都屬於一般的觸覺。但是必須注意，儘管這些神經末梢相當細小和靈活，但它們仍沒有足夠的細和靈活，仍無法把所有發生在自然界的輕微運動傳遞給大腦。事實上，它們傳遞的最輕微的運動是那種具有較粗糙的陸上物體，即使在這些物體之中，仍有一些雖然相當粗糙，但能夠輕輕地滑過神經末梢以致它們擠壓或劃過皮膚都沒有引起傳遞到達大腦的行為。以相同的方式，有一些蟲子擁有用來麻醉甚至傷害身體器官的能力，但這根本不能引起我們對之有任何感覺……

另外，笛卡兒說：「如果你曾好奇地觀察過教堂的風琴，知道風琴底座如何把空氣灌進風箱中去，知道空氣如何經過那裡進入一個又一個管子完全取決於風琴演奏者在琴鍵上移動手指的不同方式，那麼你可以把生命的精氣進入大腦空腔的機器心臟和動脈想像為推動空氣進入大腦風箱的風琴底座；把刺激某些神經引起在空腔中的生命精氣進入一些毛孔的外界物體比作風琴演奏者的手指，按動某些琴鍵引起空氣從風箱進入某些管子。所以，某風琴奏出的樂章並不取決於外部看得見的管子裝置，或風琴的形狀，或其他部分，它取決於三個因素：來自風琴底座的空氣、發音的管子和管子中空氣的分布。」

笛卡兒認為，我們在這裡關注的「機器」的功能根本不取決於解剖專家按成分區別出來的、看得見的腦的外部形狀，或者大腦空腔的形狀，而是完全取決於來自心臟的生命精氣、它們流經大腦的毛孔數和在這些毛孔中精氣分布的方式這三個因素。

首先，大腦物質是非常柔韌的，「如果沒有生命精氣進入它的空腔，可能會非常狹窄，甚至完全封閉（就像死屍的大腦顯示的一樣）。」但是在「生命的精氣」大量進入這些大腦空腔後，便會形成一股力量擠壓周圍物質，並最終使大腦空腔膨脹起來。大腦空腔膨脹的直接後果就是使得來到此地的細小神經末梢都拉緊了，而其餘部分仍然保持自由和輕鬆狀態。自然而然，這時的「機器」代表一個睡著的或一個睡著的正在做夢的人的身體。

但是，在深入詳細敘述睡覺和做夢之前，笛卡兒先論述了大腦在處於清醒狀態時發生的最值得注意的事件：「物體的概念在指定不『想像』和『普通感覺』的地方如何形成？這些概念在記憶裡如何保存？它們如何引起身體所有部分的運動？」

笛卡兒說：「我們不妨觀察神經纖維12、34、56和類似的組成視覺神經、從眼球後面1、3、5延伸到大腦的內部表層2、4、6的神經纖維。如果來自物體A的光線正好映射在眼睛後面的點1纖維，它拉動整個神經纖維1、2，擴大微血管2的開口。以相同的方式，來自B點的光線擴大微血管4的開口，其他微血管也依此類推。按照光線映入點1、3、5的不同方式，我們已經描述了對應於A、B、C的物體如何在眼睛後面留下痕跡。同樣地，依靠神經纖維12、34、56等打開微血管2、4、6的不同方式，很明顯，一個相應的物體必定能夠在大腦內部表層留下痕跡。」

「假定意欲進入2、4、6和類似微血管的生命精氣並不同一地來自松果體表面的所有點，而是僅僅來自某一些點；比如，意欲進入血管2的精氣來自表層A點，欲進入管4、6的來自B、C點。依此類推。這樣，這些細管的開口同時膨脹，生命精氣開始變得比先前更自由，更迅速地離開松果體的相應地點，就像對應物體A、B、C的形狀根據微血管2、4、6開放的不同方式在大腦表層留下痕跡一樣，根據生命精氣離開B、C點的方式在松果體的表層印下了物體的形狀。注意，我指的形狀不包括以物體邊緣和表面位置為代表的東西，而且包括我前面說過的，能夠使靈魂有理由認為運動、大小、遠近、顏色、聲音、味道和類似性質的東西，並且還包括所有能夠使靈魂感到愉快、痛苦、飢餓、乾渴、快樂、悲傷和類似感情的事物，這樣很容易理解，例如微血管2可以按不同的方式開放——一種方式是由我說的引起感官有紅色或癢的感覺的行為；另一種方式是由我說的引起感官有白色或痛苦感覺的行為。這樣，離開A點的生命精氣將根據微血管的不同而按不同的方式進入這些細管和其他類似的細管。」

「在這些形狀（或圖形）中應該轉換成概念的並不是那些映入外部感官或

大腦內部表面的東西，而僅僅是那些進入松果體H表層的生命精氣並留下痕跡的東西（H是想像和普通感覺的駐地）。那就是說，只有後來那些由理性靈魂結合在該機器上，應該變成符號或圖形的物體形狀，在它想像某物體或由感官感覺它時才將被直接考慮到。我說『用感覺想像領悟』，是因為我想使『概念』一詞普通適用於一切當它們離開松果體H時生命精氣接收到的所有印象。當它們依賴於物體的存在時，它們應歸功於『普遍』感覺；但它們也可以由其他原因進行，此時就應把它們歸功於想像了。」

那麼，關於在記憶處的大腦內部B又是如何形成記憶痕跡的呢？

「在另一端，假定生命精氣離開松果體後，接受了一些概念的印象，經過微血管2、4、6和類似的毛細管進入組成大腦B部分的細小纖維之間的毛孔或縫隙內；再假定生命精氣足夠強勁來增大這些縫隙，根據生命精氣移動的種種方式和它們流經血管開口的不同，精氣以各方式彎曲或整理它們遇到的所有神經。因此，它們也在這些縫隙裡對應物體的形狀留下痕跡。起先，它們做此事時比在松果體H做更不容易，也更不全。但逐漸地，隨著它們行動變得強勁有力或者經常重複，它們做得越來越好，那就是為什麼這些圖形不再輕易消失和為什麼它們以這樣一種方式保存，以致先前在松果體的概念能夠在長久以後，在不需要對應它們的物體出現時再次形成。這就是記憶的組成。」

總而言之，不僅僅是上面那些已經論述過的生理活動符合上面所論述的理論。實際上，要使一個個驗證開來，「這個機器」的「所有功能——例如食物消化、心臟和動脈的跳動、肢體的滋養和成長、呼吸、醒和睡、透過外部感官對光線、聲音、嗅覺、味道、熱和其他類似性質的接收」都是如此。它們「在普通感覺和想像的器官中打下自己的烙印，形成概念之後在記憶裡得以保留和封存，先是形成食慾和情感的內部運動，最後表現為所有肢體的外部運動（運動不僅是對呈現在感官面前物體的行動，而且也是對記憶中發現的情感和印象的行動，它如此適當的以致於完美地模仿出一個真人的行為），我希望你把那些由該機器的每一小部分器官的單純裝置產生的功能認為和鬧鐘的運動一樣，或者其他類似的由於反作用力和輪子裝置產生的自動機一樣自然無疑。然後，為了解釋這些功能，除了心臟裡不斷燃燒的心之火（和發生在非生物體內的所有火一樣具有相同的性質）——激動身體的血液和生命精氣以外，沒有必要把該機器想像為有什麼繁殖能力，或者情感靈魂，或者其他重要的運動和生命。」

# 第九章　靈魂的激情

《靈魂的激情》一書是笛卡兒於西元一六四五至西元一六四六年間完成的。《靈魂的激情》一書是笛卡兒專門研究「人自身」、「人的肉體和靈魂的關係」、「人的激情和人的生理和心理的關係」以及「人的各種激情與倫理道德的關係」的著作。該書代表著笛卡兒哲學體系的最終完成，是笛卡兒哲學的最精華的部分。具體從內容的角度來講，《靈魂的激情》一書可以分為三部分：第一部分是「激情的生理說」，第二部分是「激情心理學」，第三部分是「特殊的激情」。

# 激情生理說

「激情生理說」是笛卡兒《靈魂的激情》一書中介紹的第一部分內容。有人也將這個部分內容稱為「激情的生理—心理學」。在這個部分內容中，笛卡兒主要闡釋了人的身體結構，即「身」是什麼？然後又闡釋了靈魂所處的地位，即「心」是什麼？最後又闡釋了「靈魂與肉體的關係」，「靈魂與激情的關係」，「激情與靈魂、肉體的關係」以及「意志與激情的關係」等等。在本小節內容中，我們將從「動物精神」、「靈魂、知覺、激情」、「松果體」以及「意志」等幾個內容對笛卡兒的「激情生理說」作簡單介紹。

激情無所不在。是的，笛卡兒就是這樣認為的。因為人人都有激情，在任何年代，這都不是一個縹渺而難以觸摸的問題。所以笛卡兒把激情理解為一個極其平凡的問題，哪怕我們只是在自己的身上去尋找，也可以發覺激情的意義所在。然而，令人遺憾的是，就是這樣一個普遍而切身的問題，我們卻無法在古人留下的典籍中去尋得什麼真正有益的幫助。這不禁使我們大發感慨，因為在他們留下的探討理論中，簡直就沒辦法去找出什麼有價值的東西。而我們想從中得出所謂的真理，更是有如水中撈月。正是基於這個原因，笛卡兒才會認為，對激情的研究和探討，是一件很有意義的事情，而且必需實行。

「活力和激情永遠是同一個東西」。這是笛卡兒對激情認識的一個首要思想。笛卡兒認為，存在於靈魂中的激情，外在表現則為肉體上的活動。正因如此，要想得到有關於靈魂中的激情的知識，最直接的方法就是觀察肉體上的活動，考察靈魂與肉體之間存在的差異。激情的出現，究竟是依靠隱藏的靈魂還是外在的肉體，或是需要兩者緊密相連的存在？這就需要對靈魂與肉體之間關係進行考察了。

靈魂與肉體是哲學家們一貫關注的問題。顯然，依照這種劃分的方式去研究，是不會在肉體的活動中看到任何形式的思想的。因此笛卡兒認為，「我們之中存在的每一種思想都屬於靈魂」，「我們必須相信，人所產生的一切衝動或者運動都與肉體有關。」為什麼會有這種思想呢？因為笛卡兒一直認為，不能確定無生命體就不可以和我們相同，甚至有這種可能，它們擁有比我們更多的模式，只是我們無法去了解而已。既然無生命體都有和我們相同，甚至更高模式的可能，那麼它們的行動就並不需要依賴思想。在研究靈魂與肉體的時候必然會想到死亡。有人提出，為什麼死人就不會再有衝動和運動了呢？這是因為死亡的同時，靈魂就失去作用，所以不能再在肉體上做出衝動和運動的反應。

但笛卡兒並不同意這種觀點。不僅不同意，笛卡兒還認為這種說法是極端錯誤的。一直主宰著他的思想的「懷疑」，不容許他輕易相信，人的本能的衝動和外在的運動是依靠靈魂才可以進行的。不可以在沒有任何證據的情況下，就把靈魂說成是一切活動的主導。因為我們完全還可以這樣理解，因為肉體死亡，整個身體的器官停止了運作，靜止了一切的衝動並停止了本能的運動，這才導致了靈魂的停止運作。從此可以看出笛卡兒對死亡的觀點，即死亡是由純肉體因素造成的。如果用一個比較生動的例子來解釋，人的肉體是一塊鐘錶，靈魂則是鐘錶所代表的時間。因為鐘錶裡的每一個零件（即肉體中的每一個器官）都能正常運行，鐘錶就可以準確地表達它所代表的時間（深層的靈魂的流動）。而當鐘錶裡的零件突然壞掉了，尤其是主要的零件壞掉了，直接導致了鐘錶無法運行，那麼它所代表的時間也就隨著鐘擺的靜止而停止了。即靈魂停止了運動。所以笛卡兒比一些哲學家更加注重研究肉體。

## 「動物精神」

笛卡兒的過人之處在於，他並不是一個坐在家裡冥想的哲學家，他博學多才，具備很多科學知識。笛卡兒在荷蘭的時候，曾經參觀過人體解剖，並且對其產生了濃厚的興趣。他也曾研究過哈維的血液循環理論，這些都對他的思想提供了幫助。笛卡兒把自己在生理方面的知識充分地運用在他的激情生理——心理學當中。對解剖及循環等生理學的研究，使笛卡兒可以準確而科學地說明人體內的器官，包括心臟、大腦、臟器、肌肉、神經、動脈、靜脈是如何運作的。笛卡兒指出，「一切肌肉運動，以及一切感覺，都依賴於神經——類似於絲狀物或者小管一類的東西，它們都發端於大腦，因此，像大腦一樣，包含著某種精微的氣息，即，所謂的動物精神。」

笛卡兒在這裡提出了「動物精神」的概念。什麼是「動物精神」呢？其實用現代科學來解釋，笛卡兒所要表達的「動物精神」就是我們所說的本能。本能與神經系統相關，是包含在神經系統中的一些「精微的氣息」。笛卡兒在這裡從科學的、實在的東西，又引領我們到了我們無法觸及的、不實在的「精神」上去，這就需要使人明白，究竟動物精神是怎麼樣產生的。笛卡兒以肉體內部的運動來回答這個問題。他認為，肉體大腦決定了人體內血液的流向，血液是向這個方向流，還是向那個方向流，都取決於肉體內大腦的基本構造。大腦內的通道並不完全相同，而是有的寬闊，有的卻特別狹窄。在那些狹窄的通道裡，只有最精微的血液才有透過的可能。所以，凡是流入大腦的血液，都是人體內最有生命力的血液，是人體內血液的精華。多數的不夠精微的血液，則流向全身其他的各個器官。正是這些精微的血液，在大腦中形成了動物精神。笛卡兒說：「我這裡所說的動物精神，它們的一個特性就是十分精細，它們的運動十分迅速，像從火炬中流出來的熾熱小顆粒一樣。因此，它們絕不會停留在任何一個點上，當它們之中的一些進入大腦的空腔中時，另外一些沿著大腦中的小孔流動，小孔把它們傳遞到神經，又從神經傳遞到肌肉組織，憑藉肌肉它們盡自己所能以各種方式啟動身體的運動」。這就是說，大腦中的「精微的精神」，是導致機體一切運動的推動者。一切機體運動的唯一原因是肌肉的運動。當然，來自於大腦的動物精神，並不具備足以推動肌肉運動的力量。他們能做到的是，控制肌肉內的其他的動物精神，透過它們使肌肉產生各種運動。

這樣就產生了一個問題，為什麼動物精神不是全部首先流向大腦，然後透過大腦的指派而流向全身各處呢？為什麼動物精神不是均勻地流向各處，而總是流向某一個地方呢？笛卡兒認為，這是由以下兩個原因決定的。

第一，這是由各感覺器官與肌肉和神經的連結通道不同所造成的。感覺器官受到外界的刺激而產生反應，從而引發各種動作，但是感官與神經的連結又不同於肌肉，這樣一來就造成了各感官的反應不同於肌肉的反應，所以由它們所引起的動物精神的運動當然也就不同。

第二，是由於動物精神各部分之間的興奮性並不相同。正是因為動物精神的各部分具有多樣性，當某一部分的動物精神平緩地運動時，已經有一部分動物精神開始活躍起來了。這時，活躍與不活躍的動物精神就必然會分別進入不同的地方。基於動物精神與肌肉運動、與感官存在著這樣的連結，當動物精神發生變化，就會直接導致大腦中的某個小孔的關閉，這是動物神經在起主導作用。但當感官促進了神經運動，也會使大腦中的某個小孔張開，而動物精神的運動還是會參與其中，以特殊的方式傳遞到肌肉，然後完成肌體的運動。

笛卡兒盡可能簡單地把涉及與動物精神相關的運動的思想闡述出來。其實，他所要表達的含義在現代科學中已經得到了更好的解釋。笛卡兒所說的這些活動，就是現代生理學上所說的本能的反射運動。當然，以現代人的科學水平和眼光去看過去的人是不公平、不客觀的。在當時的科技水平下，笛卡兒能憑藉著有限的生理知識和自己的思想，作出這種程度上的闡釋，已經足以使人折服了。

## 「靈魂、知覺、激情」

研究了人的身體結構以及其內部與外部的運作方式之後，就需要回到靈魂的研究中了。笛卡兒認為，考察了與身體相關的功能以後，再考察靈魂問題就比較容易了。作為一個人，單單具備了結構完善的身體顯然是遠遠不夠的，這個身體不能沒有思想，這就是所謂「心」的靈魂。一個活生生的人不僅僅需要一個完整的身體，更需要具有人的思想的靈魂。

笛卡兒認為，思想存在於靈魂當中。笛卡兒說，「靈魂只擁有思想」，即靈魂除了思想並不擁有其他的什麼。笛卡兒把和肉體相關的思想分成了兩種，一種是指靈魂的活動，另一種指靈魂的激情。笛卡兒在這裡所說的靈魂的活動，「是指我們的一切渴望，因為根據經驗我們發現，渴望直接來自我們的靈魂，而且彷彿只依賴於靈魂；另一方面，我們通常用人的激情來稱謂在我們之中發現的一切知覺或者知識形式。」笛卡兒接受渴望是直接來自於靈魂的說法，但他並不贊同激情也是來自於靈魂的。笛卡兒認為，激情是來自於「我們之中發現的一切知覺或者知識形式」。也就是說，靈魂獲得的激情，是來自於外界事物的。

笛卡兒把靈魂的活動——渴望也分為兩種形式。一種是指純精神上的渴望，它是由靈魂的活動組成的，靈魂可以依靠自身的意願來支配它，決定他。這種渴望包括崇拜上帝，或是思考一切非物質的東西的靈魂的活動。另一種是指形體上的渴望，當我們想喝水時，反映到手臂伸出去拿杯子，當我們想走路的時候，開始抬腿邁步向前。人在形體上需要反應出來的舉動，由靈魂在肉體的深處主導。靈魂的第二種活動使我們產生了運動。

與渴望相關形成兩種知覺，一種以靈魂為原因，另一種以身體為原因。其中最重要的知覺是以靈魂為原因的知覺。這種知覺代表了我們內在的渴望，是我們以渴望為基礎的想像和思想的知覺。說得直白些，就是我們內心深處對某種東西產生渴望以後，對這種渴望的知覺。如果沒有這種知覺，渴望就等於不存在了。我們無法去想像，當我們渴望一件事物的時候，自己卻沒有覺察到，那麼這種渴望又有什麼意義？又如何反應出更進一步去盡力使它實現呢？所以說，雖然產生了渴望，還要靠以靈魂為原因的知覺去覺察到它。笛卡兒認為，「發現靈魂渴望的東西，也是一種激情的活動。」、「這種知覺——意聲，實際上是一個並且是同一個東西，因此，我們在習慣上並不把它稱之為激情，而只稱之為活動。」當靈魂進行純粹的思想活動（比如說想像著一件並不存在的某物，或者想像著的是只可以用理智去理解而無法去想像的某物，比如說一件物品的屬性）時，儘管我們知道它確實存在著，卻無法在意識裡勾出它的圖像來。在這個時候，知覺已經悄悄地出現了。這種知覺是以靈魂作為根本原因的，是一個激情的活動。所以，笛卡兒才會把這種知覺稱為激情，而不是稱呼它為活動。

這種由靈魂所產生的知覺，不同於透過神經傳遞的知覺。非但如此，二者之間還存在著巨大的差異。

第一種是與我們的靈魂相關的，而第二種則源自於我們之外的外界的客體。當外界出現了某一客體的時候，會從視覺、聽覺、觸覺、嗅覺等諸多個方面刺激我們相應的內部器官，並且把這些訊息以神經傳遞的方式在大腦中激起某種運動。而這種運動是為了誘發靈魂的活動，並且使之能夠發現這些客體。比如說，我們看到了燭光，或是我們聽到了鈴聲。而在我們的神經活動中，由於光和聲是兩種不同的運動，神經傳導在大腦中，也引起了兩種不同的運動，從而帶給了靈魂以不同的兩種感覺。這種感覺直接來自於客觀主體，即燭光和鈴聲是感覺的原因，感覺使客觀主體與主體相連結，於是，我們認為自己看到了燭光，聽到了鈴聲。

可是事實上，我們在這裡所忽略的，卻是由它們產生的運動。

第二種知覺，即以身體為原因的知覺。這種知覺和我們的身體或者和我們身體中的某一個部位相關。比如說，感到腹中飢餓、覺得口渴是與生俱來的，天然的慾望，而我們也可以從這些慾望感覺到自身的痛苦、衝動以及其他的情緒，並隨著神經的傳導直接地表露出來。還有一些知覺與我們的靈魂相關。比如感到高興，或是傷心流淚，或是大發脾氣。這些是自身的情緒，也包括來自外部的原因。因為這些情緒宣泄之前，都會有一個觸發點，即調動這些情緒爆發的原因，無論事與物都有可能。這些原因來自於外界的刺激。笛卡兒指出：「我們的一切知覺——與我們之外的客體相關的知覺，與我們身體的不同情感相關的知覺，其實，只是與我們的靈魂相關的激情。」這種種不同的激情，都被笛卡兒用「靈魂的激情」這五個字來解釋了。這是因為笛卡兒認為，靈魂的激情，僅指人的各種知覺。

考察並總結了靈魂的激情與其他所有思想之間的差別後，「靈魂的激情」便不難定義了。「靈魂的激情」被定義為「靈魂的知覺、感受或者情感，它們都與靈魂有特定的關聯，被動物精神的某種運動所引起、保持、加強。」笛卡兒對靈魂的定義包含著兩方面的內容，一方面，為什麼把靈魂的激情稱之為知覺；另一方面，為什麼說它們尤其是與靈魂有關的。笛卡兒對靈魂的激情的兩方面內容也作出了論述。

笛卡兒指出，如果說把知覺這個詞理解為泛指一切的思想（這裡的思想不是靈魂的活動），而並不是指一切清楚明白的認識的話，我們就可以把靈魂的激情稱之為知覺了。按照這個定義，知覺體現的是肉體與精神之間的緊密連結。也正是因為這樣，我們可以把知覺稱之為感受，因為靈魂接受它們的方式和它接受外部感覺對象的方式是相同的，而事實上，靈魂也不可能用其他的方法去認識它們。當然，如果按照笛卡兒的定義，把知覺稱之為靈魂的感情，似乎感覺上還更合適一些。這裡的「感情」包容面就更大了。它既包含在靈魂中出現的一切的變化，也可以擁有一切的思想。所以，一切的思想都可以理解為由感覺而起。任何的外部刺激或是別的內部反應，都不會如感情一般來得洶湧澎湃，來得強烈有力。這樣的一種感覺，似乎用感情一詞更能體現出激情的特點。

在定義的第二個方面指出，激情既是與靈魂相關的，也與外部客體引起的感受和身體的某些感受相關。外部客體引起的感受就是指顏色、聲音和氣味，這些體驗完全是來自於外界的。而身體的某些感受，如飢餓、口渴、痛苦等則來自於身體內部，即使沒有外來刺激也會反映出來。但是不管這些感受是以什麼為原因，歸根到底都是由動物精神所引起，並加以保持和增強的，當然也可以由靈魂自身引起。這就可以看出，知覺或者激情與靈魂和動物精神之間，具有著極其緊密的、不可分割的連結。那麼，是什麼把它們連結在一起的呢？是什麼有這種作用，能把物質和非物質連結在一起呢？笛卡兒給出的答案是——松果體。

## 「松果體」

笛卡兒指出，靈魂和肉體是不可分割的。為了理解靈魂與肉體的連結，我們就必須認識到，靈魂和整個肉體是結合在了一起的。我們看不到靈魂，它沒有廣延、維度，不占據空間，也不會因為身體上的殘缺而變小。靈魂本身是不可分割的，所以我們不可能得到一個殘缺不全的靈魂。可是當身體死亡的時候，靈魂就隨之不復存在了。靈魂和身體本身就具有著不同的屬性，那到底是什麼能把它們連結在一起呢？

當時的很多人都認為靈魂所處的位置是心臟。這是因為他們注意到，每一次情緒激動的時候，都會引起強烈的心跳，這說明，心臟正是靈魂的所在之處。可是笛卡兒認為，並不是心臟把靈魂和肉體連結在一起的。另一種觀點認為，靈魂是位於大腦的，可是笛卡兒也不認為靈魂在大腦中。笛卡兒認為，靈魂位於大腦的「最內部，即位於腦中部的一個松果體，它懸浮在輸送管的上方，位於前腔的動物精神透過這些輸送管與後腔的動物精神聯絡，松果體發生最細微的運動，都會極大地改變動物精神的輸導過程。同樣，動物精神輸導過程的最小變化，也會大大地改變這個腺體的運動」。笛卡兒認為，這個松果體才是靈魂的居所。它憑藉著動物精神，以及全身的神經系統、循環系統把指令傳達給全身。對於這樣一件抽象的事物，笛卡兒為什麼會這樣具體並肯定地指出它的所在呢？

笛卡兒的理論依據是，人體上很多的器官都是成雙成對的，比如說兩個眼睛、兩隻耳朵、兩條手臂或是兩條腿等等。可是這種成雙成對的組合反映到人的感知去上只準確地顯示一件事物。比如說每一隻眼睛看到了一個人，那麼呈現出來的肖像就應該是兩個人，但是我們還是會準確地看到一個人。

這是為什麼呢?笛卡兒把它解釋為,在外來事物的形象反映到靈魂裡之前,先有一個東西把它們中合了,所以傳入靈魂後的合成過的肖像是一個完整肖像。而這個從中合成的、至關重要的東西就是松果體。笛卡兒認為,人體內活躍的動物精神時斷時續地刺激著松果體,松果體隨動物精神的刺激開始活動,把外部傳來的訊息或圖像整合,直到形成一個完整的整體,這才在我們的靈魂中顯現出來。

要研究笛卡兒的激情心理—生理學,就必須去了解笛卡兒對松果體的闡述。因為在笛卡兒的學說裡,松果體有著至關重要的作用。它是使身心連結的關鍵,也是使人體各個器官相互配合,正常活動的關鍵。了解了松果體的活動方式,就會了解靈魂與身體之間的連結。因為笛卡兒認為,松果體是靈魂的處所,正是松果體在動物精神時斷時續的刺激下進行活動,才把外界傳來的訊息加以整理中和,最後把一個完整的圖像傳送給了靈魂,並且依靠著神經系統、血液循環系統把指令與能量傳達到全身的每一個相應的器官。可以更具體地描繪它的動作:當一個外界事物對身體發生影響時,不同程度不同方式地引起了神經系統的運動。在運動中通往大腦腔的通道被打開,一部分活動的動物精神會流入大腦。當活躍的動物精神在腦腔中活動時，會以不同方式刺激懸浮在大腦腔中的松果體，並促使松果體發生了運動。與此同時，位於松果體中的靈魂也開始運動，並且促使松果體開始運動。

可以舉一個簡單的例子來說明這個問題。當我們看到一個人向我們走來，看到他的瞬間其實已經完成了好幾個運動。首先是移動過來的人，它身上反射的光刺激了眼睛，使視神經開始運動，並把這個圖像傳達給大腦內部。但傳送時的人的形象應該是兩個，即兩隻眼睛的視神經都在進行著運動，並向大腦內部傳輸。大腦腔中充滿了活躍的動物精神，它們立刻把形象傳達給了包裹在動物精神中的松果體，松果體開始進行動物精神傳遞的形象的整合工作。形象完美地被合併了，並且立刻對處於松果體內部的靈魂發生了作用，使靈魂看到了這個形象。

這個整段的過程是個生理過程，它還不需要激情出場輔助。但是特殊的是，在我們看到這個人的時候，立刻還產生某一種反應。比如這個人樣子很可怕，比如事先知道這個人是個壞人或是曾經被這個人傷害過，再或雖然和他根本不認識，但相遇的場合或是某種能夠產生聯想的可能（比如是一個人在黑路上遇見他）都會在靈魂中直接地生產恐懼的激情，並且既而誘發其他的激情，例如說勇氣的激情，我們有可能大著膽子迎上前去，或是作過防衛甚至攻擊的準備。也可能會產生畏懼的激情，這時的我們就會採取躲避退縮的反應。哪一種激情的產生就會導致哪一些反應表現，這些反應其實並不是由外界事物的直接侵犯造成的，那一瞬間是動物精神刺激松果體，松果體中的靈魂直接使人的身體產生的本能反應。

## 「意志」

當我們感覺到外界事物有可能對我們產生威脅時產生的本能反應，其實是因為身體的需要，受到刺激的靈魂認為必須採取的行動。這種行動是一種渴望。不管是準備攻擊、防衛還是退避，任何一種方式都是為了讓身體可以得到安全感。這種渴望其實是意志的力量。笛卡兒認為，靈魂中除了激情以外，還有一種更加重要的東西，那就是意志。

笛卡兒認為，「意志的性質是極其自由的，它絕不可能受到任何限制。」

笛卡兒把思想分為兩種，其中一種是靈魂的活動。靈魂的活動指的就是渴望，它是意志力量存在的根本，而肉體也僅僅能夠透過間接的方式使它們發生變化。另一種則是激情，它是由一切知覺所構成的。激情完全依賴於支配著它們的活動，即靈魂的活動，但靈魂也不能夠直接改變激情，只能夠透過間接的方式使它們發生改變，除非靈魂本身就是它們的原因。正是因為渴望，它們渴望某一種東西的時候，會因此而引發松果體的活動，而松果體的活動都源於一個目標，那就是要產生與這種渴望相關的結果。意志的力量就在這個過程中充分地體現出來了。

透過以上的闡述，我們可以得知，笛卡兒認為，靈魂和肉體是透過松果體建立起連結的。可是，如果想要去解釋意志的活動是透過什麼發揮作用的，則是一個更為複雜的問題了。對於這個問題，笛卡兒指出，當靈魂渴望收集某種東西的時候，這種渴望會引發松果體發生運動，松果體更進一步使動物精神流向大腦腔中的某個部分。這種流向就相當明確了，一定不會錯誤地指向其他的部分。這是因為，大腦中存在著記憶，而正是記憶引導著動物精神，使動物精神進入這個部分比進入其他的部分更加容易了。

笛卡兒認為，大腦之所以有記憶，其實是因為大腦渴望記憶，而這種對於記憶的渴望，則又是意志在發揮它的作用了。如果我們渴望去想像某一種我們從來沒有見過的事物，當渴望產生的時候，它依然一絲不茍地引發著松果體以相對應的方式產生運動，這時大腦中的動物精神就會發揮作用，試圖在大腦某一個位置去尋找對於這種並沒有見過的陌生事物的種種可能存在的蹤跡，以便能夠向靈魂來描述這種還存在於想像中的事物的形象。不管我們是像平常一樣走路，或是以另外一種特殊奇怪的方式來走路，哪怕只是讓身體做幾個簡單的動作，都是源於渴望引發松果體的運動，支配動物精神各赴其位，指令下達後，相應的動物精神會導致相應的肌肉發生活動，從而產生運動。而這個時候所做的，自然就是我們渴望做的事情了。這樣看來，渴望——意志本身是自由的，並不受任何的限制。而一個人的活動，不管是表現在精神上還是肉體上，都不是僅僅取決於身心而已，更主要的，是取決於凌駕於靈魂之上的聲音。因此可以說，意志就是人體內部的上帝，正是意志主宰和驅動人的一切生理——心理的活動。

## 激情心理學

「激情心理學」是《靈魂的激情》的第二部分內容。在這部分內容中，笛卡兒主要介紹了激情的內容以及運作方式，並對驚訝、愛、憎、渴望、喜、憂等六種原始激情的內容和運作方式作了簡單介紹。笛卡兒認為，靈魂的激情其實是有很多種的，而且它們之間的動作還有一定的順序可循。笛卡兒在自己的著作中列舉了多達四十多種激情，但在這許多種激情中，驚訝、愛、憎、渴望、喜、憂等六種最基本最原始的激情。如果能把這六種最原始的最基本的激情考查清楚，那麼，其他數十種激情的原因和影響也就容易理解了。在本節內容中，我們也將對這六種最原始最基本的激情作簡單介紹。

笛卡兒指出，靈魂的激情其實是有很多種的，而且它們之間的動作還有一定的順序可循。笛卡兒在著作中大量地羅列了人類的各種激情。由於篇幅所限，不可能把所有的激情都一一羅列出來。笛卡兒列出了人類的各種激情，對其中的六種主要激情進行了較為細緻的說明。這六種分別是：驚訝、愛、憎、渴望、喜、憂。

「驚訝」

驚訝是當一個與我們曾有的意象中不同的客體出現，使我們感受到的意想不到的震撼。其實，從根本上說，真正感覺到震撼的應該是靈魂，靈魂對這一個罕見的、非凡的客體進行仔細辨認思考，而感受到的震撼。驚訝的主要原因是當靈魂審視客體的時候，發現僅僅依靠大腦中存留的印象無法對客體進行辨別，也就是說，這一個客體是罕見的，是值得思考和研究的。這時，靈魂就會調動動物精神發動運動，動物精神在靈魂強大的力量，也會發出比平時更大的力量把所見到的異乎尋常的客體形象送到大腦中的某一個部分，把這個印象加強並保存下來；與此同時，也會調動肌肉運動，所以外部的感官也隨著做出了相應的反應。笛卡兒認為，從物理學的角度看，這種靈魂的活動雖然很強烈，但卻並未伴隨著心臟跳動和血液循環的加速。這是因為能夠引起人的對象雖然會讓人感受到震撼，但是印象本身「並未有善與惡之分，只是對事物的認識感到驚訝。」

驚訝有兩個內涵，第一種內涵就是意外。這是因為特殊的客體出現時太過突然，突如其來的印象又和原有的印象不能夠重合，從而改變了動物精神的運動。所以不難看出，意外是專屬於激情的。意外的力量的出現取決於兩個因素，一種是出現的物體十分新奇，另一種是由它所引起的運動則擁有它開始的全部力量。這種運動比那些開始還比較微弱，但到後來就逐漸加強的運動更加有效，它很容易改變方向。透過這種運動，新出現的特殊客體影響到了大腦的某個部分。但由於這個部分平時是不大容易受到影響的，相較平時經常受到影響的大腦的別的部分，這個部分要更加脆弱更加敏感，所以引發的效果自然要比平常事物所反映在大腦區域中的效果更為強烈。

驚訝的另外一種內涵就是驚愕。因為驚訝的強度超過一般的靈魂活動，這種力量強制原處於大腦腔中的動物精神沿著它們的途徑進入大腦中。這種力量是那麼的強大，以至於它們都被吸引在那裡，不要說傳達到肌肉了，就算順原路再返回大腦腔都是不可能的。在這個瞬間，肌肉因為沒有受到動物精神的支配而無法立刻運動，人就整個僵在了那裡，一動也不動。然而越是這樣，越是無法在短時間內更多的認識這個新奇的客體。其實我們也會經常遇到這種情況，當遇到超乎我們認識的事物時，整個人都呆住了，一時做不出正確的反應。而這種情況，就是我們所說的驚愕，所謂驚愕，指的就是極度的驚訝。

驚訝並不只是當時的吃驚而已，其實它也會發揮一定的作用。因為驚訝的原因是看到了我們從未認識過的事物，也正因為如此，驚訝才會更多的保存在記憶裡。這就是因為出現在我們面前的客體是我們從未見過的，或者是不同於我們以往所見過所知道的東西。當然，我們並不可能把所有新鮮的事物都清楚地保存在記憶中，有很多過後就忘記了。但是，那些透過了激情的力量之後才呈現的東西，會更加強化我們的記憶，保存下來的可能性也就越大。而這個新奇的客體，在多次出現後也就不會再顯得驚奇，漸漸地就不會再引起我們的驚訝了。如果我們置身於一個從沒有接觸過的環境，可能會震驚於眼中所見到的每一件事物，但當我們在這個環境中生活了一段時間以後，驚訝就會越來越少，到最後很多原本覺得不可思議的事情都會習以為常了。這是透過我們逐漸認識的增多而決定的。當我們認識社會的時候，也是要透過這樣的一個過程。當然，我們會對外界的事物產生驚訝，只是因為它的新奇陌生，與它的善惡與否沒有任何的關係。

## 「愛與憎」

笛卡兒對愛憎的論述是「愛是靈魂的情感，由動物精神的運動所引起，動物精神促使靈魂自願地與令人愜意的對象結合起來。憎也是動物精神引起的情感，當一個對靈魂有害的客體出現在靈魂面前時，動物精神促使靈魂極力避開它。」對於這個論述，笛卡兒補充說，說愛與憎這些情感是由動物精神的運動所引起的，是為了把愛與憎區分開來。愛與憎的區分就來自於自身的判斷。靈魂會憑藉著自由意志去判斷一件事物的好壞。如果判斷這個事物是好的，是有利的，它就會把自己與該物結合在一起。反之，如果它認為這個事物是壞的，會引發不利的，它就會想盡辦法讓自己避開它。靈魂對事物的好壞做出判斷並自動自覺地挑選了好的並盡量離壞的東西越遠越好。可是靈魂怎樣才能分辨事物的好壞呢？這其實就來自於靈魂對事物的愛憎情感。

笛卡兒特別強調說，雖然在這裡也談到了意志，但是，這裡的意志並不是指渴望，而是指認同。當我們處於愛的激情中時，我們會想像出一個整體來，我們和我們愛的對象是一個整體。我們自身就是這整體的一部分，而我們愛的對象則成為這個整體的另一部分。這就是靈魂依靠選擇與其所愛的事物結合的方式。但當我們處於憎的激情中時，情況就完全不同了。我們出於自身的保護意識，把自己設為一個獨立的整體，和我們所厭惡的事物截然分開。

愛在通常情況下有兩種，其中一種指的是物慾。這種最為直接外露。愛直接被物慾所勾起，然後產生強烈的渴望，渴望得到自己所愛的東西。這是單純的物慾之愛。另一種指的是仁慈。由愛來激勵著我們去愛些什麼，這才是高極形態的愛，是愛的激情的昇華。笛卡兒自己也認為，這樣的區分方式比較簡單，因為它似乎只涉及到了愛的結果，而沒有涉及到愛的本質。因為正是這樣的愛告訴我們，只要我們自願地去和某一外界的對象相結合，無論它的性質如何，我們都會對它產生一種近似乎仁慈的情感。這兩者的區別在於自身的態度。如果我們從一開始就已經斷定，這件東西就是我們夢寐以求的東西，我們不是透過意志與之相結合，只是想透過無論什麼樣的方式，一定要得到它才可以，這便是最常見的愛的結果之一。但有時我們更願去相信這件東西是我們想要得到，並且自願地去和它結合，這是愛的基本結果之一。

如果單單從結果而言，那麼，有多少種外界事物，就會有多少種愛或物慾。儘管所要追求的對象不同，但是這種愛的本質是相同的。有野心的人希望握有權勢，有雄心的希望建立功業，懷著貪心的人只想多多的斂聚財富，迷戀美色的人則是滿腦子的男女溫柔之事。這樣的愛究其本質來說，還只限於占有欲方面，而不能就確切地說是對於對象的愛。但是，也有另外的一種愛，它只追求付出而不考慮回報。這種愛也存在於我們的身邊，就像父母對子女的愛，操碎了心吃盡了苦也無怨言。忠誠的人對於朋友的愛，所謂兩肋插刀赴湯蹈火也在所不惜。這種愛不是建立在物質基礎上，不是以物質利益為目的的愛。第一種愛也是愛，但他們愛的只是自己，是由於愛自己，所以才會對自己希望擁有的東西產生強烈的占有欲。而第二種愛則是愛對象，心甘情願為對象去做這樣或那樣的事情，是一種純粹的愛。

雖然憎恨是與愛相對立的，但是笛卡兒卻沒有對恨做出更多的註解，而僅僅是略略地帶過而已。這是因為，笛卡兒對恨的激情抱著一種非常冷漠的態度。他對恨的觀察和體會遠不如對愛深刻。也許是他故意不對恨作過多的剖析，或者是不願對恨做出更多的論述。於是，我們很難在笛卡兒的學說中區分出多少種恨來。雖然我們的意志使我們盡量地遠離了那些邪惡的東西，但是，我們幾乎不能從邪惡中找出什麼差異來。笛卡兒對恨這種激情的淡漠態度，與他本人的性格有關。

原來，笛卡兒生性淡薄，他的一生都是那樣的平靜恬淡，與世無爭。他從不願意和任何人發生爭執，對於只講利益的人更是不願與之打任何交道。他只對精神性的東西感興趣，特別是對科學和真理始終都抱著一種真誠的愛。但笛卡兒的淡泊不同於自閉，事實上他對朋友一向忠誠坦白。笛卡兒願意為了友誼朋友付出，而他的朋友、同學也給了他豐厚的回報。也正因為如此，笛卡兒一生中從不執著於什麼仇恨之類的東西，而他對真理和友誼，也懷著極強烈的理想主義色彩。大概就因為這樣，笛卡兒不願意對惡的事物多加描繪。而他不注重利益、一心追求真理、信守對朋友忠誠的信念，雖然帶有很強烈的理想主義色彩，還是因此受到了人們的尊敬與仰慕。

## 「渴望」

此前，笛卡兒把渴望歸於靈魂的力量。在靈魂的激情當中，笛卡兒再次對渴望展開了討論，而且是作為靈魂的主要激情之一來討論的。笛卡兒認為，作為激情的渴望，是由動物精神而引起的靈魂的活動。動物精神向靈魂發出信號，使它更希望向它描述的某些東西是好的，是有利的，並且是我們所需要的。在這樣的情況下，我們都會強烈地渴望好的東西出現，並且想一直保存下去不想失去它。在渴望好的東西出現的同時，我們也會渴望壞的東西不要在眼前出現，最好是永遠都不要出現。這兩種渴望我們都有。當時的經院哲學也在談論著渴望，但是，他們是把渴望善與避開邪惡區分開來的，即渴望善和避開邪惡是完全相對立的，稱為趨善避惡。笛卡兒認為，「趨善，同時避開與它相對立的邪惡，永遠是同一個運動。」當我們趨向於善的同時，就是在有意地避開邪惡，或是我們認為它是惡的東西。正是因為我們對壞、惡的東西反感、恐懼與憂慮，我們才更希望去追求好的、善的東西。同樣，當我們追求善的東西的時候，也會隱隱地把它和惡的東西相比較，那種對惡的東西的厭惡之情也就會再出現。所以，當我們把渴望並追求善與厭惡和避開惡結合在一起來看的時候，我們就可以得到一個結論：在渴望這種激情中，善和惡是相互引發的激情。

## 「喜與憂」

快樂是在靈魂擁有善的時候自動泛起的感情，也是靈魂中的一種讓人感覺到愜意的感情。除此之外，靈魂不能在它所擁有的其他任何事物中得到快樂，事實上，靈魂從它所擁有的那些事物中也不會得到什麼東西。所以，它對我們所享有的樂趣僅僅在於擁有它們。笛卡兒在這方面的描述不是那麼容易理解。笛卡兒的意思是，當大腦中的印象向靈魂描述某個東西是善的時候，並不是為了得到什麼，也不是要把作為激情的快樂和純粹的理智上的快樂混為一談。

他所指的快樂要更超脫，更理想化，那就是善。善只能藉助靈魂的活動進入到靈魂當中，所以笛卡兒才會把善稱為在靈魂中被激發出來的愜意感情，而快樂，則存在於它所擁有的善當中。就在靈魂與肉體相連結的時候，這種理性上的快樂也伴隨著激情出現了。當我們的理智突然發現我們已經擁有了某種善的東西時，雖然它與身體相關的一切都不相同，雖然它無法準確去表達、去描述，甚至無法去想像，但是，在大腦中仍然會立刻形成某種印象。這種印象來自於人的想像力。人總是必須對某種事物產生印象，即使它是如何的不可思議，這時就只能藉助無邊的想像力了。這種印象形成後會促使大腦進行某種活動或者是促進了動物精神的活動，而快樂的激情也就由此被激發出來了。

憂愁是靈魂從邪惡中感到了不安從而引發的沮喪和鬱悶。當我們以靈魂去面對外界事物，而大腦向它提供的印象卻不相符合的時候，一種強烈不適的感情會因此而生，這樣也會引發憂愁。憂愁中也包括激情的憂愁和理性的憂愁，這是憂愁與快樂的相同之處。而兩者截然不同的地方在於，快樂因善而生，而隨著憂愁而至的往往都是邪惡。

那麼，快樂與憂愁這兩種激情是如何產生的呢？其實快樂和憂愁的產生來自於兩種不同的信念。快樂因擁有某種善的東西而生，而憂愁則是因為靈魂發覺到了我們存在著某種邪惡和不足。當然，我們往往會簡單地感知到快樂與憂愁，而在這個過程中，並沒有發覺到善或邪惡在其中有著什麼樣的作用，或者根本就沒有看到善與惡的存在。有三個方面的原因可以引發這種情況的出現：

第一，當善與惡在大腦中形成印象的時候，靈魂並沒有參與到其中，所以當快樂與憂愁產生時，靈魂也沒有發覺其中善與惡的存在。

第二，快樂與憂愁只出現在肉體的水平上，並沒有透過靈魂去更深一層的認識它。

第三，雖然它們已經出現在靈魂中，但是，靈魂卻並不認為它們是善或是惡的，但是我們在大腦中原本就存在著善和惡的印象，我們往往會以它們作為依據去對照新出現的事物。所以當它們和大腦中的善與惡的印象相混合的時候，也會引起快樂與憂愁。

笛卡兒對激情的分析，尤其是對以上六種激情的分析，大致有兩個特點。第一個特點是笛卡兒較側重於心理方面的分析。雖然笛卡兒對激情生理基礎做了很多闡述，但是這種敘述只是一個鋪墊，是為激情的心理分析做鋪墊。笛卡兒這樣做的原因，其實就是為了從激情的心理分析引出對激情的道德評價。

## 特殊的激情

特殊的激情是笛卡兒在《靈魂的激情》中考察的第三部分內容。笛卡兒對特殊的激情的考察是建立在對一般的激情和原始的激情的考察的基礎之上的。笛卡兒認為，特殊的激情是由原始的激情化合而成的。當然，特殊的激情已經超出了在一般的激情和原始的激情中所考察的生理學和心理學成分，而帶有濃重的倫理學成分。所以，也有研究者把這個部分成為「激情倫理學」。笛卡兒認為，激情的倫理學部分的內容應該是只會最高級的問題，應該被認為是位於人類知識之樹的頂端。下面，我們將對笛卡兒在這個部分研究的「尊敬和鄙視」、「勇敢」、「懦弱」以及「光榮和羞愧」等「激情」作詳細介紹。

### 「尊敬和鄙視」

正如笛卡兒所講，「尊重也是一種激情，它代表了靈魂的一種傾向，靈魂向自己描述某物值得受到尊重。」也就是說，在笛卡兒看來，尊重也是一種激情，是靈魂所擁有的向它自身表示被尊重事務的價值的一種傾向。那麼是什麼造成這種傾向的呢？笛卡兒說，「當然按照規矩，這種傾向肯定是由動物精神的特殊運動引起的。」笛卡兒認為，「尊重」這種靈魂的傾向，是由動物精神的特殊運動引起的。具體的運動過程是這樣的，首先是動物的精神傳輸到大腦，然後，動物精神在大腦內部強化服務於「尊敬」這個目的那個印象。

與「尊敬」相反，「鄙視」是靈魂考慮它所鄙視的那個事物低下與渺小的一種傾向，例如：笛卡兒說，「而鄙視則是靈魂的一種相反的傾向，即靈魂認定某些東西低劣，對其產生鄙視。」這裡所說的相反，自然是指「鄙視」是和「尊重」相反的傾向。當然，「鄙視」和「尊重」還有相似的地方，那就是他們的產生機制都是一樣的。「鄙視」也是由動物精神的特殊運動產生的：動物精神進入大腦後對那個渺小或者低劣的觀念的強化最終導致「鄙視」這種激情的產生。

笛卡兒認為，尊敬和鄙視是原始的激情——「驚奇」的具體表現。笛卡兒說，事實上，如果我們對於對象的偉大與渺小根本不感到驚奇的話，那麼，我們就不會對它產生尊敬或者渺小的態度。相應地，如果對這個觀點進行深究的話，我們可以得出一個結論：「尊敬和鄙視」永遠和它們所面對的對象相關，如果沒有具體的對象，它們的存在是沒有意義的。所以，笛卡兒說，「這兩種激情永遠與對象相關聯」。並且，笛卡兒還認為，「不過當它們與個人自身相關的時候，表現得會更加明顯，也即，對於自身的長處會產生強烈的尊敬，而對自身的缺憾也會產生強烈的鄙視。」、「尊敬和鄙視」表現出來的時候，它們的效果非常明顯，會使人的態度、姿勢、步法甚至人的很多生活習慣產生相應的變化。

那麼，我們何以產生「尊敬」或者「鄙視」的激情呢？這裡所探討的產生「尊敬」或者「鄙視」的原因是外因，而上面所講的那個「尊敬或者鄙視是由動物精神的特殊運動而產生的」是內因。笛卡兒認為，「人之所以自尊是因為人有自由意志，人的一切活動取決於自由意志，它決定我們讚揚什麼，譴責什麼。自由意志是上帝賦予我們的權利，憑藉自由意志，我們可以成為自己的主人。」在笛卡兒看來，讓我們產生「尊敬或者鄙視」的最根本的原因是因為我們有自由意志。正因為我們的一切活動都取決於我們的自由意志的，所以我們可以自由地根據我們的內心的感受來評判稱讚還是貶損。另外，笛卡兒認為，自由意志是上帝賦予我們每一個人的普遍權利，如果我們不願意忽視上帝賦予我們的這項權利，我們都可以像上帝一樣成為自己的主人，我們都可以自由支配我們自己，我們都可以對「是尊敬還是鄙視」做出自己的決斷。

從「自由意志」作為出發點，笛卡兒論述了「人人平等」的觀點。笛卡兒認為，既然人人都有自由的意志，那麼，每個人都可以根據自己的意思做出自己的判斷。所以，從個人角度來看，我們不管在什麼情況下都不能絕對否定別人的自由決斷，而應該尊重他人的決斷，善待他人的倫理思想。

**「寬厚」**

這裡的寬厚，可以理解為「慷慨」或者「大度」等。「寬厚」是從「尊重和鄙視」引申出來的一項內容。笛卡兒認為，「尊重」和「鄙視」雖然從判斷依據上來講可能是相反的，但是兩者並不是絕對對立的。「站在道德的角度來看，尊重不是建立在鄙視的基礎上的，也並不意味著非要鄙視什麼。」笛卡兒認為，真正符合道德的行為或者激情恰恰是對人的「寬厚」或者「慷慨」。

「寬厚」最大的特點就是不會隨意鄙視他人。寬厚的人恰恰是那些經常能看到別人弱點和不足的人，但是即使這樣，寬厚的人並不會因此而譴責他人，而是產生一種善意的方式——「原諒」。例如：一個非常寬厚的人在發現一個人的弱點後，通常會認為，人們之所以有這樣或者那樣的過失很可能是因為他們一時的衝動或者是欠缺某種特定的知識，而不會認為他們是因為缺乏最基本的善良意志才導致他們的過失。

另外，寬厚不僅僅是對別人的激情，更是對自己的寬厚。也就是說，一個擁有「寬厚」美德的人，不僅表現在面對別人的過失時會採取寬容的態度，更表現在面對自己的不足和缺憾時會寬容自己。例如：與那些比自己優秀很多的人相比起來，一個懂得寬厚的人不會在自己的內心產生自卑感，他們不會在自己內心認為自己天生就有某種不足或者低人一等。一個懂得寬厚的人才能真正懂得善良的意志，才能夠真正做到尊重別人，也才能真正贏得別人的尊敬。

寬厚的人能真正懂得善良的意志，所以能真正懂得「寬厚」這個美德的人，才能從事真正偉大的事業，因為他們很容易把為全人類謀幸福當成自己終生追求的目標。在他們看來，「任何事情都不如為他人謀福利重要」。因此，他們對人總是彬彬有禮，和藹可親；他們總是微笑地面對別人，並且樂於幫助別人；他們雖也有一般人的喜怒哀樂，但是他們更懂得克制自己的情緒；他們不會輕易地產生無邊無際的慾望；他們不會輕易的嫉妒別人；他們也不會隨便詆毀別人。當然，他們也不會隨隨便便地滋生驕傲的情緒，儘管在很多時候他們會被人當成榜樣。

當然，寬厚也並不是謙卑。笛卡兒說，「謙卑的人基本上是指一些軟弱的，缺乏最基本的決斷能力的人。」謙卑的人好像根本不可能運用自己的意志，因為他們沒有那種基本的能力，他們因此不能保證自己日後不做讓自己後悔的事情。也就是說，謙卑的人最基本的特點就是沒有基本的處理生活的能力，因而他們不管在什麼時候都表現得自由散漫，並且表面上還極度的傲慢。總而言之，謙卑和寬厚或者謙虛是不能等同的。

## 「勇敢」

笛卡兒認為，當我們把勇敢當作一種激情的時候，而不是把它當作一種習慣或者自然的稟賦的時候，勇敢就是動物精神的某種躁動或者熱情，這種躁動或者熱情在發揮它獨有的威力的時候，會強迫性地讓靈魂前進，以讓自己得到自己想要得到的某種結果。因此，勇敢是一種強制性的激情。但是，當我們把勇敢當成一種屬性的時候，勇敢會因為對象的不同基本分為以下三種：

1、勇氣

笛卡兒認為，勇敢最直接的表現就是一種勇氣。這種勇氣可以驅動靈魂做最危險的事情。當然，往往勇敢所面對的困難是相當困難的事情。這種困難在一般情況下會讓靈魂產生恐怖或者絕望心理。但是，往往在最恐懼、最絕望中的靈魂，卻最容易產生勇氣。相應地，在靈魂最絕望的時候產生的這種勇氣，能夠驅使靈魂向那些他們本以為最困難的事情發起挑戰。這就是勇氣的力量。

2、競爭

競爭也是一種勇敢，但是，競爭和勇氣不一樣。笛卡兒認為，競爭是動物精神中的某種熱發生作用的時候產生的激情。競爭會指導自己和別人開展比較。當靈魂看到別人完成了某項工作的時候，在競爭的激情的督促下就會迫使自己也去參加該項活動，因為他覺得自己有能力更好更完美地完成該項活動。

3、熱情

熱情是勇敢輔助性的內容，也是勇敢的內涵裡色彩最弱的內容，它能驅動靈魂，幫助靈魂依靠自己的力量，成功地完成靈魂所希望完成的活動。另外，從勇敢形成的內在原因看，它與身體的構成情況相關。笛卡兒認為，身體內部最容易聲稱勇敢的東西是渴望和希望。如果一個人心懷渴望或者希望，那麼也就證明在它的內心有足夠多的能量幫助他完成它所希望或者不得不完成的活動。

**「懦弱」**

相比較於「勇敢」的熱和躁動，「懦弱」是一種沉悶和冷漠。或者說，「懦弱」是動物精神的某種冷漠。具體講來，懦弱就是會阻止靈魂著手從事那些在靈魂沒有這種激情之前正準備從事的活動的激情。例如：笛卡兒說，「懦弱直接與勇敢對立，它是消沉或者冷漠，阻止靈魂做他本來打算做的事情，好像靈魂推動了這種激情」。

「懦弱」最直接的表現就是「害怕」或者「恐懼」。「害怕」或者「恐懼」是一種過度的膽怯。笛卡兒認為，懦弱不僅僅是靈魂的一種冷漠，更是靈魂自身的震驚和混亂。懦弱能從靈魂中得到低於靈魂認為就存在於眼前的惡。從這個角度來講，懦弱也並不是完全壞的東西。在某些情況下，懦弱可以幫助靈魂避開本來可能遭受的痛苦。或者說是可以限制動物精神的過度擴張，與動物精神的過度張力形成一種互相制約的張力，從而對靈魂自身可以造成相當意義的保護作用。另外，懦弱控制動物精神的能力還可以防止我們過度消耗自己的體力，從而對我們造成生理意義上的保護作用。

但是不管怎樣，懦弱始終是具有一定的消極意義的。因為懦弱的大部分功能發揮在阻止人們去從事本來應該從事的活動，因為懦弱的本性是「讓人喪失本來應該擁有的希望和渴望」，從而消磨人的自由意志，使得人們本來應該獲得的利益白白流失。

總而言之，笛卡兒認為，在一般情況下，懦弱是一種過分的懦弱，在任何情況下都不可能認為是美德。甚至在一些情況下可以認為是邪惡的。

## 「光榮和羞愧」

「光榮和羞愧」也是笛卡兒在「靈魂的激情」中論述得比較獨到的內容。但是，「光榮和羞愧」相對比較簡單，理解起來也比較容易。笛卡兒認為，「光榮」是建立在自愛的基礎之上的，是以自愛為基礎的一種快樂。從本源上講，「光榮」是一種起源於我們所有的要得到他人稱讚的激情，具體來講，這種激情又可以被稱為「信念」或者「希望」，一種得到他人肯定的信念或者希望。這樣看來，光榮並不僅僅侷限於靈魂或者心靈內部的滿足。這種信念是建立在我們已經進行了某種好的行為的基礎之上的。但是，我們有時候會因為我們自以為很好的東西或者作了很好的行為而受到譴責，就像有時候我們會因為我們本以為不好的東西或者做了不好的行為卻受到稱讚一樣。這些都是在所難免的。但是它們兩者都是自尊的種類，都是快樂的原因，因為我們受到別人的尊重是自我尊重的第一理由。

與「光榮是一種以自愛為基礎的一種快樂」比起來，「羞愧」則是一種悲傷。當然，「羞愧」與「光榮」一樣，也是建立在自愛的基礎之上的。但是，「羞愧」起源於我們可能將要被譴責的憂慮或者害怕。另外，「羞愧」還很可能是一種由於自己對自己的謙虛或者謙卑或者對自己的不自信所導致的一種精神活動。說「羞愧」是一種對自己的不自信是因為，如果我們有足夠的自信，我們就會尊重自我，以至於我們不用害怕自己可能會被任何人鄙視。如果是這樣，我們是不可能產生「羞愧」或者「自卑」的。

但是，「光榮」和「羞愧」都有一種對我們有利的功能，儘管它們是分別以不相同的方式來體現，但它們都能幫助我們最終選擇美德，並通向美德。「光榮」幫助我們不會為了做好事而感到羞愧，並鼓動我們最終走向美德；「羞愧」則是透過一種相反的感受幫助我們最終通向美德，它讓我們的惡行不會成為我們的虛榮心的一種理由。但是，不管實現哪種功能，我們都不必先學會如何辨別到底是什麼才能讓我們感到光榮，而什麼才能真正讓我們感到羞愧。

# 附錄

# 致神聖的巴黎神學學院院長和聖師們

十七世紀的歐洲正是封建社會制度開始走向崩潰、資本主義蓬勃發展的時期。經院哲學舊的知識和認識方法成為自然科學的發展障礙，使得哲學家懷疑其真實性和效用。這樣，時代就要求出現新的哲學思想來總結各門學科發展的成就，制定新的研究方法，以推動科學的進步。因此，認識論和方法論研究就成了近代哲學家最關注的中心問題。笛卡兒迫切地感到必須徹底改造舊哲學，在哲學上開拓一條新的道路。他於西元一六四〇年完成了《形而上學的沉思》一書，試圖建立起能夠解釋世界的新知識體系。

在《致神聖的巴黎神學院院長和聖師們》信中，笛卡兒強調了自己哲學方法的重要性。他首先向神學家申明寫作此書的正當動機，即不反對宗教神學。在這種神學保護的外衣下，笛卡兒明確提出自己的觀點：「我一向認為，上帝和靈魂這兩個問題是應該用哲學的理由而不應該用神學的理由去論證的主要問題。」

先生們：

鑒於我向你們提出這本書的動機是正當的，而且我深信，你們在了解到我寫這本書的用意以後，也會有正當的理由把它置於你們的保護之下，因此，為了使它在某種程度上可以說是值得向你們推薦的書，我最好是向你們簡單地說明一下我是怎麼想的。

我一向認為，上帝和靈魂這兩個問題是應該用哲學的理由而不應該用神學的理由去論證的主要問題。因為，儘管對於像我們這樣的一些信教的人來說，光憑信仰就足以使我們相信有一個上帝，相信人的靈魂是不隨肉體一起死亡的，可是對於什麼宗教都不信，甚至什麼道德都不信的人，如果不首先用自然的（即不是神學的，而是人類理性的。）理由來證明這兩個東西，我們就肯定說服不了他們。特別是罪惡的行為經常比道德的行為在今生給人們帶來的好處要多得多，這樣一來，如果不是因為害怕上帝的懲罰和嚮往來世的報償而在行為上有所克制的話，就很少有人願意行善而不願意作惡的。不錯，我們一定要相信有一個上帝，因為《聖經》上是這樣說的；同時我們一定要相信《聖經》，因為它是來自上帝的（這是因為：「信仰」是上帝的一種恩賜，上帝既然給了我們聖寵使我們相信別的東西，那麼他同樣也能給我們聖寵讓我們相信他自己的存在），不過這個理由不能向不信教的人提出，因為他們會以為我們在這上面犯了邏輯學家們稱之為循環論證的錯誤。

老實說，我已經看出，你們，以及所有神學家們，你們不僅肯定知道上帝的存在是能夠用自然的理由來證明的，而且也肯定知道從《聖經》裡推論出來的關於上帝的認識比人們關於許多造物（基督教用語，即「世界上的事物」，因為基督教認為世界上的事物都是上帝所創造的。）的認識要清楚得多，並且事實上這種認識是非常容易得到的；沒有這種認識的人反倒是有罪的。就像《智慧篇》第十三章裡所說的那樣：「他們的無知是不可饒恕的，因為如果說他們關於世界上的事物深知到如此程度，那麼他們從這些事物中怎麼可能不更加容易地認出至上的主來呢？」在《保羅達羅馬人書》第一章裡，說他們是「不可原諒的」，並且在同章裡用這樣的話說：「關於上帝的認識，都明明白白地存在於他們的心裡」。這就好像告訴我們說，凡是可以用來知道上帝的，都可以用這樣一些理由來指出，這些理由只要從我們自己的心裡去找就夠了，不必從別處去找，我們的精神就能夠把這些理由提供給我們。就是因為這個緣故，我才在這裡提出用什麼辦法以及一定要採取什麼方式才能做到認識上帝比認識世界上的事物要更容易、更確切，我想我這樣做不致於不合適吧。

至於靈魂，很多人認為不容易認識它的性質，有人甚至竟敢說，根據人類的各種理由，我們相信它是和肉體一起死亡的，只有信仰才告訴我們它不是這樣。雖然如此，既然在利奧十世（羅馬天主教教皇，西元一五一三年至一五二一年。）主持下的拉特朗公會議第八次會上對他們進行了譴責，並且特別命令基督教哲學家們要對那些人的論點加以駁斥，要全力以赴地去闡明真理，因此我就敢於在這本書裡執行這個任務。

此外，我知道很多沒有信仰的人不願相信有一個上帝，不願相信人的靈魂有別於肉體，其主要理由在於他們說至今沒有人能夠對這兩個問題做過證明。我雖然不同意他們的意見，而且相反，我認為，那麼多偉大人物關於這兩個問題提出過的絕大部分理由如果很好加以理解，就都足以做為證明，並且再也找不出什麼新的證明理由來；但是我仍然認為，如果從哲學的角度上，出於好奇心並且仔仔細細地再一次找出一些最好的、更有力的理由，然後把這些理由安排成一個非常明白、非常準確的次序，以便今後大家都能堅持不移地確認這是一些真正的證明，那麼在哲學裡就再也不可能做出比這更有好處的事了。

最後，既然很多人都把希望寄託在我身上，他們知道我制定過某一種解決科學中各種難題的方法，老實說，這種方法並不新穎，因為再沒有什麼東西能比真理更古老的了；不過他們知道我在別的一些機會上相當順利地使用過這種方法，因此我認為我有責任在這個問題上用它來試一試。關於這個問題可能說的話，我都寫在這個集子裡了。我在這裡並不是要把給我們的問題做證明而可能提出來的各種問題都蒐集進來，因為我從來不認為那樣做有什麼必要，何況那些理由裡連一個靠得住的都沒有；我僅僅是講了第一的、最主要的那些理由，而那些理由是我敢於把它們當作非常明顯、非常可靠的論證的。我還要進一步指出，我認為憑人的能力，再也沒有什麼辦法可以發現比這更好的論證了。由於這件事非常重要，而且這上面都關係到上帝的榮耀，這就使我不得不在這裡把話說得比平常放肆一些。

雖然如此，我的這些理由儘管我認為是可靠的、明顯的，但是我並不認為大家都理解得了。不過這也和幾何學一樣。在幾何學裡，很多論證是阿幾米德、阿波羅紐斯、帕普斯以及其他許多人給我們留下的，這些論證，大家都公認是非常可靠、非常明顯的，因為如果把它們分別來看，它們所包含的都是非常容易認識的東西，並且結論和前提隨處都配合得很好。不過這些論證都有點太長，而且都需要專心去思考，因此只有少數人才能理解。

同樣，我想我在本書裡使用的這些論證，雖然和幾何學裡的論證同樣可靠，同樣明顯，甚至比幾何學裡的論證更可靠，更明顯，但是我怕很多人還是不能相當充分地理解，一方面因為這些論證也有點太長，並且它們彼此又是相互關聯的；另一方面，而且主要的是，它們要求在精神上擺脫一切成見，擺脫感官的干擾。老實說，世界上善於做形而上學思考。人不如善於做幾何學思考的人多。此外，不同的還有：在幾何學裡，大家都認為沒有一個可靠的論證就不能前進一步，於是在這方面不是完全內行的人，為了表示他們懂得起見，他們經常錯在肯定了一些錯誤的論證，而不是錯在否定了一些正確的論證。在哲學裡就不是這樣。在哲學裡，大家都認為凡是哲學上的命題都是成問題的，因而只有很少的人才樂於追求真理；更糟糕的是，很多人為了獵取才子的名聲，竟冒昧地對最明顯的真理進行狂妄的攻擊。

先生們，就是因為這個緣故，所以，不管我的理由的說服力有多大，既然它們是屬於哲學範圍的，那麼假如不把它放在你們的保護之下，就沒有希望在知識界裡產生多大效果。

因為大家對貴學院的評價如此之高，而索爾朋納（「索爾朋納」本來是法國巴黎大學的一個建築物，得名於最初的建築人神學家羅伯爾．索爾朋，西元一二〇一年至一二七四年。在笛卡兒時代，索爾朋納是巴黎神學院的別名，自十九世紀初年起，成為巴黎大學的總部，現在是巴黎大學文學院和理學院的所在地。）這個名稱的威望又如此之大，以致不僅在有關信仰上，自從神聖的宗教會議以後大家從來沒有這樣讚揚過任何其他教團的判斷，而且在人類哲學上，大家都認為在別的地方不可能再有什麼更堅毅有力、知識豐富、更小心持重、完整無缺的判斷了。

因此我毫不懷疑，如果你們肯於關懷這本著作，願意首先對它加以修訂（我對於我的缺點和無知是有自知之明的，因此我不敢肯定書中就沒有什麼錯誤）；其次，把漏洞填補起來，把不夠好的地方加以改善，並且費心在有必要的地方加上一些比較充實的解釋，或者至少告訴我以便我在那些地方再進一步加工，以求我用來證明有一個上帝以及靈魂有別於肉體的那些理由達到如此清楚、明白的地步，使我確實相信大家可以引用這些理由，並且必須把它們看成是非常準確的論證，而假如你們在這一點上敢於不辭辛苦地做一個聲明，證明它們是真實可靠的，那麼無疑在有關這兩個問題上曾經發生的錯誤見解就會很快地從大家心中清除出去，因為真理將使一切博學的人士贊成你們的判斷，並且承認你們的權威，而目空一切，並不博學也並不正確的一般無神論者們，將會不再保持他們的對抗精神，或者也許會在看到學者們都把這些理由接受過來當做論證之後，害怕顯得他們對這些理由一無所知，因而他們自己也會接受這些理由的；最後，其餘的人也會很容易向那麼多的例證認輸，不致於再有人對上帝的存在和人的靈魂與肉體之間的實在的、真正的區別敢於懷疑了。

你們已經看到了，對信仰懷疑，這造成了多麼大的混亂，現在是要由你們下判斷，如果一旦把信仰很好地建立起來，那將會帶來什麼樣的結果啊！不過，如果我在這裡把上帝和宗教的事業對一向是這個事業的最牢固的支柱的你們再班門弄斧下去，那未免是太不知趣了。

## 蜘蛛啟發了笛卡兒

笛卡兒不但是一位哲學家，還是數學家，他的數學天才很早的時候就顯露了出來，他甚至由一隻蜘蛛得到啟發，在數學上獲得傑出的成就。

笛卡兒的數學天分

西元一六一八年秋天，在建立不久的荷蘭共和國南部的布萊達小鎮上，貼出了一張布告，人們圍著布告議論紛紛。這驚動了一個正在街上閒逛的士兵，一個二十歲左右的法國小伙子，他擠進人群想看個究竟。可是，他看不懂當地的文字，也聽不懂人們的話，不知道這裡究竟發生了什麼事。

「布告上寫了些什麼？」小伙子用法語向周圍的人打聽。

一位學者，當地一所學院的院長畢克曼打量了一下這個莽撞的士兵，開了個玩笑：「想知道布告的內容嗎？唔，很好，我可以告訴你，但你以後得把你的答案告訴我。」

原來，當地正在開展一項有獎數學競賽活動，布告上寫的就是數學競賽題。布告上還說，誰解答了上面的這些難題，不僅可以獲得一筆獎金，還可以獲得「鎮上最佳數學家」的桂冠。

第二天一早，年輕的士兵敲響了荷蘭學者的家門，遞上了他的答案。畢克曼漫不經心地接過答卷，才瞥了一眼，便注意起來，看來這小伙子是懂數學的。等看完全部答案，畢克曼被震動了：難題全部都解答了，不但全部正確，而且解得簡潔明了，有的解法還相當巧妙！

這個有著如此敏捷的數學天才的年輕士兵便是笛卡兒。他怎麼去當兵了？原來，笛卡兒從學校畢業後，根據當時的風氣，有兩條道路擺在他的面前，要麼致力於宗教，要麼獻身於軍隊。笛卡兒對宗教不但沒有興趣，還有深深的反感，自然選擇了後者。於是，他戎裝來到了荷蘭，才有了他的這件軼事。

這次有趣的遭遇，對笛卡兒產生了很大影響。畢克曼院長作為一名數學教授，打心眼裡喜歡這個聰明的法國小伙子，他們成了一對忘年交，經常在一起熱情地討論數學問題，討論如何用新方法來處理物理問題。笛卡兒在那裡感到很愉快，同時，他意識到自己長於數學，萌生出致力於數學研究的念頭。以後，笛卡兒又遊歷了丹麥、德國、奧地利、瑞士和義大利等國，大大開闊了眼界，獲得了許多知識，也堅定了為科學獻身的信念。他回國後竟賣掉了全部財產，以便自由地從事科學活動。他進行氣象觀測，研究冰河，計算山峰的高度。因為當時荷蘭社會安定和思想自由，比法國更適合進行學術研究，所以從西元一六二八年起，他就移居到荷蘭繼續他的科學研究。

## 由蜘蛛得到啟發

笛卡兒的重大貢獻，是他發現了一種新的數學方法，把幾何與代數這兩門獨自發展的數學學科結合成一門新的獨立分支——解析幾何。據說，是一隻不起眼的小蜘蛛幫助笛卡兒創立了解析幾何。

這是哪一年的事，已不大清楚了。有一次，笛卡兒生病了，遵照醫生的囑咐，躺在床上休息。突然，笛卡兒眼中現出了光彩，原來正在天花板上爬來爬去的一隻蜘蛛引起了他的注意。這隻蜘蛛在常人眼中或許太平常了，牠正忙著在天花板靠近牆角的地方結網，牠一會兒沿著牆面爬上爬下，一會兒又往吐出絲的方向在空中緩緩移動。

因為這時的笛卡兒正思索著用代數方法來解決幾何問題，但遇到了一個困難，便是幾何中的點與代數中的數怎樣才能建立起連結。這隻懸在半空中的蜘蛛，令沉思中的笛卡兒豁然開朗：能不能用兩面牆的交線以及牆與天花板的交線，來確定牠的空間位置呢？他一骨碌從床上爬起來，在紙上畫了三條互相垂直的直線，分別表示兩牆的交線和牆與天花板的交線。用一點來表示空間的蜘蛛，當然可以測出由這點到三條線的距離。這樣，蜘蛛在空中的位置就可以準確地標出來了。這樣，一個點便與一些數建立起了一種對應關係。

後來，由這樣三條互相垂直的線組成的坐標，就被人們叫做笛卡兒坐標。

## 笛卡兒名言錄

- 我思，故我在，我在故我思。
- 意志、悟性、想像力以及感覺上的一切作用，全由思維而來。
- 所有的好書，讀起來就像和過去世界上最傑出的人們的談話。
- 越學習，越發現自己的無知。
- 我的努力求學沒有得到別的好處，只不過是越來越發覺自己的無知。
- 反對的意見在兩方面對於我都有益，一方面是使我知道自己的錯誤，一方面是多數人看到的比一個人看到的更明白。

．當感情只是勸我們做事可以慢一點的時候，應當克制自己不要立刻作出任何判斷，用另一些思想使自己定一定神，直到時間和休息使血液中的情緒完全安定下來。

電子書購買

國家圖書館出版品預行編目資料

笛卡兒的懷疑：你所認知的對與錯是客觀的嗎？對萬物抱持不確定，質疑是為了得到更明確的真理 / 劉燁，王勁玉編譯 . -- 第一版 . -- 臺北市 : 崧燁文化事業有限公司 , 2022.08
面； 公分
POD 版
ISBN 978-626-332-587-6( 平裝 )
1.CST: 笛卡爾 (Descartes, Rene, 1596-1650)
2.CST: 學術思想 3.CST: 哲學
146.31 111011208

# 笛卡兒的懷疑：你所認知的對與錯是客觀的嗎？對萬物抱持不確定，質疑是為了得到更明確的真理

臉書

編　　譯：劉燁，王勁玉
排　　版：黃凡哲
發 行 人：黃振庭
出 版 者：崧燁文化事業有限公司
發 行 者：崧燁文化事業有限公司
E-mail：sonbookservice@gmail.com
粉 絲 頁：https://www.facebook.com/sonbookss/
網　　址：https://sonbook.net/
地　　址：台北市中正區重慶南路一段六十一號八樓 815 室
Rm. 815, 8F., No.61, Sec. 1, Chongqing S. Rd., Zhongzheng Dist., Taipei City 100, Taiwan
電　　話：(02) 2370-3310　　傳　　真：(02) 2388-1990
印　　刷：京峯彩色印刷有限公司（京峰數位）
律師顧問：廣華律師事務所 張珮琦律師



定　　價： 399 元
發行日期： 2022 年 08 月第一版
◎本書以 POD 印製